장례서비스 실무

최 정 목 저

도서출판 대학서림

들어가는 말

장례란 사람이 사망하면 목욕과 수의를 입히고 염습과정을 거친 다음 관에 모시는 입관절차를 거쳐 매장지에 매장 후 봉분을 세우거나 최근에는 화장을 해서 유골을 유골함에 넣어 봉안하는 일련의 과정을 마친 다음 귀가까지의 한정된 의례를 장례(葬禮)라할 수 있다.

장례는 관혼상제(冠婚喪祭) 의례 가운데서도 가장 정중하고 엄숙하며 절차 또한 까다롭고 이론 또한 다양하게 진행되어왔다. 같은 지역이라 하더라도 문중이나 가족들에 따라서 다르고 현대에서도 각 장례식장마다 즉 염습 근무자들에 따라서 의식과 방법이 다르게 진행되고 있어 통일성이 부족한 실정이다. 그렇지만 공통된 특징은 전통적인 유교에 의한 예법을 매우 준수하고 있고, 장례 절차 과정에서는 각 지역의 토속적인 신앙이나 불교의식 많이 가미된 것이 특징이다.

전통 상장례(喪葬禮) 절차는 임종(臨終)에서부터 길제(吉祭)에 이르기까지 총 25단계로 구분하여 진행되어왔지만 현대의 상장례절차는 10여단계 의례 과정으로 대폭 줄여 간단히 진행되고 있다. 아직도 가정에서 장례를 하는 경우도 있지만 도시를 중심으로 급속히 병원 혹은 전문장례식장에서 장례를 하는 경우가 많아지고 있다. 또한 상조회사를 이용하는 경우도 급격히 증가하고 있는 현실이다. 그러한 이유는 여러 가지가 있겠지만, 복잡한 절차를 이어갈 인적 자원이 없다는 것이고, 절차가 간소화되고 편리성을 추구하는 방향으로 나아갈려는 의도 때문이라고 하겠다. 그래서 현재 우리가 추구해야 될 방향은 우리의 생활감각에 맞도록 보완되어야 하며, 예법에 어긋나지 않고 고인을 편안히 모실 수 있도록 진행되어야 하겠고, 유가족의 슬픔을 위로하고 조속히 사회 본연의 업무에 복귀할 수 있도록 하여야할 것이다.

본 교재는 장례의 다양한 실무 경험을 바탕으로 하였고, 아직 표준화 되어있지는 못하지만 보편적인 업무내용을 기본으로 해서 정리하여 초보 장례지도사들의 현장업무 적응에 보탬이 되고자 한다. 아울러 장례식장, 상조회사 등 장례관련 직군에 따라서도 약간의 차이와 한계성도 있겠지만 이를 극복하고 표준화된 업무를 통해 장례서비스의 표준을 정립하여야 할 기회가 되었으면 한다.

차 례

Chapter 01

사망과 장례

1. 사망과 법적 절차

1.1 사망 과정

일반적으로 죽음이란 한 개인이 "마지막 호흡을 멈추는 시점"으로 생각할 수 있다. 그러나 의학적으로 죽음은 일련의 연속적인 과정이다. 동물과 마찬가지로 인간의 경우 생체를 구성하는 각 기관들의 기능이 약화되고 정지되면서 죽음의 결과에 이르게 된다. 즉 생리적인 대사활동이 감소하면서 연속해서 신체를 유기적으로 구성하고 있는 각 장기들의 광범위한 작동불능 상태로 이어지면서 자발적인 호흡 중단, 심장박동의 정지, 뇌의 기능 정지 등으로 죽음에 이르는 과정은 몇 단계로 구분할 수 있다.

생명활동이 극도로 저하되어 객관적으로 vital signs를 증명할 수 없는 death-like 상태를 가사(suspended animation)상태라 하고 이 기간에는 소생술에 의해 반응할 수 있으며, 외견상 진정한 사망과 명확히 구분이 필요한 시기이다. 그러나 빈사상태 즉, 살아있기는 하지만 심박동, 호흡 중 하나 또는 둘 모두 불가역적으로 저하상태로 생리학적, 신체의 광범위한 작동 불능상태를 가생 또는 사망전기(agonal period)라 한다. 이 시기는 소생술에 의해 반응하지 않는 임종 전 상태를 말한다.

사전기가 진행되는 과정에서 신체는 빈사상태, 또는 죽어가는 상태로, 이런 과정에서는 생물학적으로 죽을 때 내는 소리와 죽지 않기 위한 몸부림 같이 죽어가는 과정

동안 발생하는 여러 가지 변화가 관찰 된다.

죽음직전에 관찰되는 소리로는 사망 직전에 미세한 호흡소리와 기도내 점액 축적에 의한 기침 반사작용의 소실을 들 수 있고, 죽기 전 간혹 발생하는 발작성 경련에 의해서도 발생된다. 사전기의 진행은 생명유지에 필수적인 생리적 및 물질대사 작용이 소실되기 전부터 진행된다. 그 후 생리적 및 물질대사 작용의 유지가 소실이 되면 개체죽음(somatic death)에 이르게 된다.

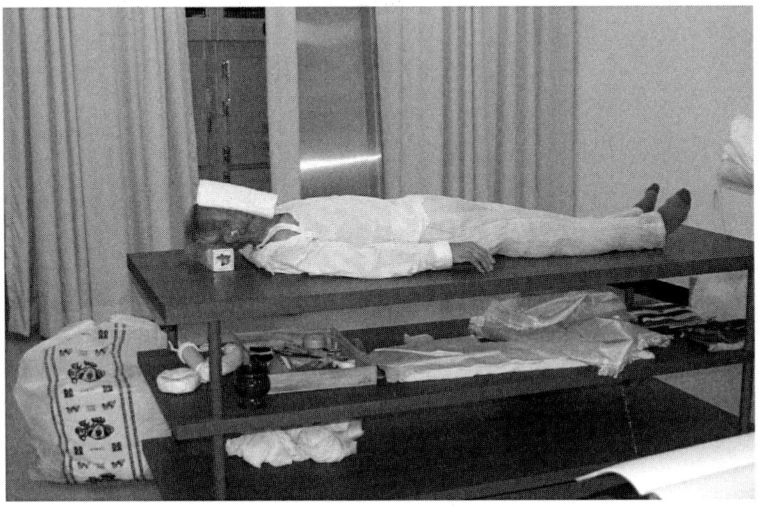

그림 1-1 ▶ 사망자

개체죽음은 곧 신체의 죽음을 의미하며, 임상적 죽음(심폐사)부터 뇌사, 생물학적 죽음(장기사)과 최종 사후 세포사까지 일련의 과정으로 진행된다.

임상적 죽음(clinical death)은 신체의 자발적인 호흡과 심박동 정지에 의해 발생한다. 심박동 정지 후 최대 5~6분 기간 동안에 다시 회복시키면 살아날 수도 있으므로 체성죽음 과정에서 가역적 과정에 해당된다. 이 기간 동안 만약 호흡과 심박동을 다시 회복시키지 못하면 뇌사로 이어진다.

연속해서 생체내의 다양한 장기와 조직의 연속된 기능정지 시점이 생물학적 죽음에 해당된다. 이 시기에는 폐와 심장을 살릴 수 없다. 생체내 각 장기의 기능이 정지

되면 조직을 구성하는 각 세포들에 산소와 필요한 영양공급이 중단 되고, 각 세포에 남아 있는 저장 요소들에 의해 일정시간 동안 대사활동을 이어갈 수 있으나 저장이 고갈되는 시점에 이르면 각각의 세포는 죽음에 이르게 되고 이 과정을 사후 세포사라고 한다. 신체를 구성하는 세포는 산소 및 영양분의 저장 능력, 세포의 활동 능력에 따라 그 수명이 각기 다르다.

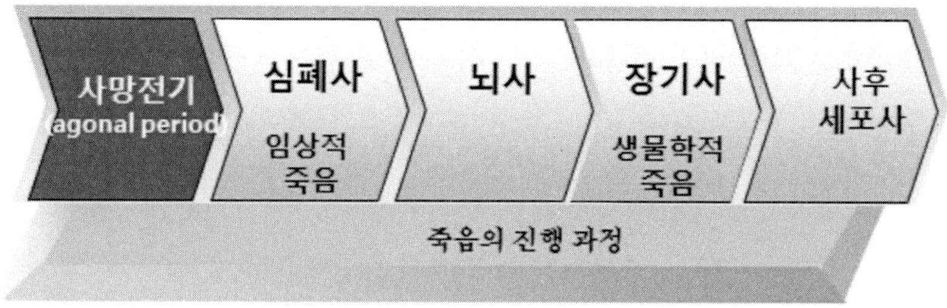

그림 1-2 ▶ 죽음의 진행 과정

1.2 사망의 법적 판단

한 인간의 최종 사망 판정은 사망 여부를 판단할 수 있는 법적 의학적 증명과 권위를 가지고 있는 사람(의사 등)에 의해 결정되어야 한다.

일반적으로 사람의 죽음은 항상 병원에서만 발생하지 않는다. 가정에서 죽음을 맏이 하는 경우 신고에 의해 병원으로 이송할 수 있고, 병원과 가정 이외의 장소에서 사망자가 발생한 경우 사법권 내에서 법의학적 연관성에 의거하여 처리하여야한다.

경우에 따라서는 요청에 의해 장례식장 종사자가 제일 먼저 죽음의 장소에 도착할 수도 있다. 이러한 경우 장례식장 종사자는 사망이 발생한 곳의 법의학적 이해가 필요하다.

사망의 종류(manner of death)에는 사망원인(사인)이 어떻게 또는 누구에 의하여 초래되었는지에 따라서 내인사, 외인사, 불명사로 구분할 수 있다.

내인사는 사망원인이 사망자 자신에 의해 일어난 사망을 말한다.

외인사는 죽음이 외인 단독에 의해 발생하거나 또는, 기존 질병에 외인이 가해져서 죽음을 촉진시킨 경우를 말한다. 외인사에는 자살(suicide), 타살(homicide), 사고사(accidental death), 불상(undetermined)으로 구분된다.

자살(suicide)은 스스로 죽을 의사로 자기의 행위에 의해 죽음에 이르게 되는 경우이며, 현시성 자살(exhibitional suicide)은 죽을 의사는 없었으나 타인의 관심을 끌기위한 행위로 예를들면 관심끌기 위해 과량으로 수면제 복용하여 죽음에 이른 경우도 있으며 이런 경우는 사고사로 분류하기도 한다.

타살(homicide)은 법적으로 가해자의 의사에 따라 상해, 상해치사, 과실치사, 유기치사로 구분되며, 법의학적으로는 고의, 과실 관계없이 타인의 행위에 의한 모든 죽음을 말한다.

사고사(accidental death)는 죽을 의사가 없는 자신의 행위에 의한 죽음과 타인의 의사와 행위가 전혀 개입이 안 된 죽음으로 구분되며, 지진, 낙뢰 등 천재, 수영중 익사 등이 대표적인 예이다. 또한 교통사고, 의료사고는 타인의 행위가 직접적인 사인이므로 법의학에서는 타살로 분류한다.

불상(undetermined)은 누구에 의하여 어떻게 작용하였는지 알 수 없는 외인에 의한 사망을 말한다.

불명(unknown)은 사망원인(사인)뿐만 아니라 내인사인지 외인사인지 조차 구분할 수 없는 상태를 말한다.

사망의 종류(manner of death)

내 인 사	• 사망원인이 사망자 자신에 의해 일어난 사망	• 병사, 자연 노화사 등
외 인 사	• 외인 단독에 의한 사망 • 기존 질병에 외인이 가해진 사망	• 자살(suicide) • 타살(homicide) • 사고사(accidental death) • 불상(undetermined) 등

그림 1-3 ▶ 사망의 원인별 분류

2. 임종과 장례식

2.1 임종과 장례준비

임종을 앞둔 유가족 입장에서는 가족이 최종 사망하게 되면 장례식을 준비하여야 한다. 따라서 유가족들은 가까운 장례식장을 미리 방문하거나 전화를 이용하여 장례식장 이용 방법에 대해 상담을 요청하는 경우가 많다. 장례식장에서는 가장먼저 소개 및 인사가 있어야하고, 유가족이 원하는 질문에 성실한 답변과 안내가 필요하다.

장례식장 이용은 대부분 사전 예약제로 이루어지지 않기 때문에 유가족 입장에서는 사망과 동시에 이용가능 여부를 먼저 확인하는 것이 편리하다. 따라서 장례식장을 사용하고자 할 때는 24시간 운영하는 장례식장 전화번호를 미리 숙지하면 편리하고 장례식장 측면에서는 사전 홍보와 함께 전화 이용에 불편함이 없도록 하여야한다.

임종과 준비사항으로는 고인 및 가족관계 등을 고려하여 장례방법을 결정하도록 가족장 또는 단체장으로 할 것인지, 종교를 가지고 있다면 종교예식으로 할 것인지를 안내한다. 또한, 장법으로 매장 또는 화장의 방법과 매장일 경우 묘지 설치장소 및 준비상황을 설명하고, 화장일 경우에는 화장장 예약 및 화장 후 봉안 장소 선택 및 준비사항을 안내한다.

장례식에 사용할 영정사진을 미리 준비하도록 하며, 준비된 사진이 없는 경우는 최근의 밝고 건강한 모습의 작은 사진(증명사진 등)을 준비하여 장례식 당일 장례식장에서 확대가능 함을 안내한다.

장례절차에는 다수의 행정 서류가 함께 필요함을 안내하고, 사전 준비가 이루어질 수 있도록 한다. 사망 예정자의 신분증 및 가족관계 증명서 등을 준비하도록 하여 사망 당일 혼란이 없도록 한다.

사망을 하게 되면 장례식을 위해 부고를 알려야 하므로 사전에 부고를 알릴 친지, 지인 및 단체 등의 연락처를 미리 정리하여 두는 것도 당일 혼란을 피할 수 있는 방법이 된다.

또한 사망자가 사전 자신이 생각해 둔 장례식이나 가족 간의 여러 가지 분쟁을 막기 위해서 유언을 하는 경우가 있다면 침착하게 기록하거나 녹음을 하는 것도 중요하다. 만약 유언을 기록할 경우에는 법률적 근거에 의하여 작성하여야만 나중에 법적 효력이 발생됨을 사전에 인지하도록 한다.

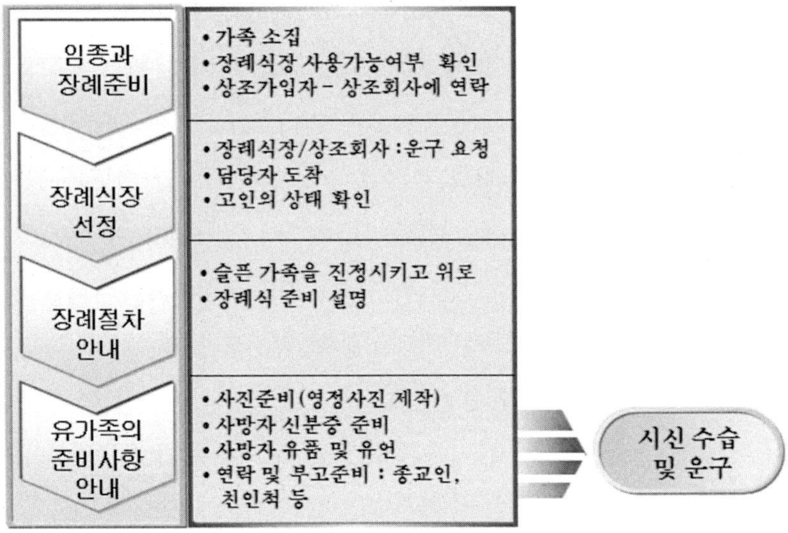

그림 1-4 ▶ 임종과 장례식 준비 흐름도

2.2 장례식장

장례식장의 일반적 기능은 장례안내 및 상담기능, 시신 처리 기능, 용품 및 시설제공, 조문객의 결속강화를 위한 장소제공, 사회적 확인 철차의 대행기능 등으로 볼 수 있다. 이러한 역할은 과거에는 단순한 시신처리기능에 불과 하였으나 최근에는 보건, 위생적인 시신처리가 이루어지고 있고 사후관리 기능도 보강되어가고 있다.

2011년 현재 우리나라 장례식장은 1,000여개 정도이며, 1994년에 병원 영안실을 의료기관의 부속용도로 인정하면서 장례식장의 양성화 계기가 되었다.

가정의례에 관한 법률 부칙(영안실에 대한 경과 조치)은 병원 영안실이나 시체실을 법률 시행일인 1994년 6월 27일 이후 3개월 이내에 영업신고를 마치거나, 2년 이내인 1996년 6월 27일까지 시설기준을 갖추고 신고한 경우에만 경과조치로 장례식장으로 인정하면서 "장례식장"이라는 명칭이 90년대 중반부터 등장 하게 되었다.

90년대 전반기 이전만 하더라도 장례식은 대부분 가정에서 거행했었다. 그러나 장례식장의 시설개선과 더불어 수가 증가하였고, 또한 도시화, 핵가족화 및 편리성이 강조되면서 장례식장에서 장례의식을 올리는 기회가 급격히 증가하였다.

과거에는 장례식장이라는 용어보다는 영안실(永安室)개념으로 병원에서 임종을 맞이하는 경우도 가정으로 옮겨 임종을 보게 하였고 장례식도 가정에서 주로 행하였으며, 병원 부속용도로서의 기능을 하였던 영안실은 단순히 시신을 안치하고 수의를 잘 입혀 드리는 것에 불과하였다.

현대에는 국민소득과 교육수준이 높아지고 삶의 질이 향상됨에 따라 장례에 대한 인식의 변화도 쉽게 이루어질 수 있었다고 본다. 과거와 달리 국민들의 높은 생활수준이나 의식구조 및 주거문화에서 많은 변화가 있었다. 또한 사망자의 사망 원인도 복잡 다양화 되었고, 사망자를 처리하는 장소 및 시설도 사회경제 구조가 변화 하면서 따라 변화해 왔다.

따라서 현대 장례식장의 기능은 시신처리 기능에서 점차 사회 기능적 의미가 많이 부여되고 있는 현실이다.

장례식장의 시설 구성은 상주와 조문객을 위한 분향실(빈소), 접객실, 유가족 참관

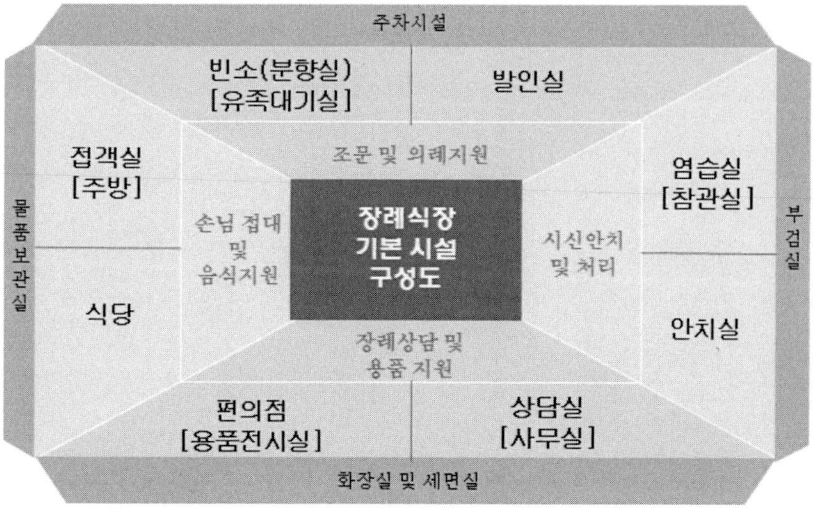

그림 1-5 ▶ 장례식장의 기본 시설 구성

실, 상담실, 장례용품전시실, 사무실 등이 있고, 시신을 처리하기위한 염습실과 안치실 등으로 기본시설이 구성되어 있다. 그밖에 매점, 식당, 화장실, 물품 보관실, 부검실, 주차장 등이 시설물로 사용되고 있다.

그림 1-6 ▶ 현대 장례식장 시설 [분향실, 접객실, 상담실, 발인실, 염습 및 참관실, 안치실]

2.3 장례식과 장례지도사

2.3.1 장례서비스

일반적으로 장례서비스는 무형성 생산과 소비가 동시에 이루어지고 소멸되는 특성을 가지고 있다. 이러한 서비스 분야는 장례식장의 분향실(빈소), 식당 등 시설서비스, 안내, 접대 등의 인적서비스, 수시, 안치 및 입관 등의 의전 절차서비스, 화장 및 화장시설, 묘지시설 등의 정보서비스 등 다양한 서비스의 복합적인 서비스 형태를 하고 있다.

장례서비스 적용은 전통 관습과 밀접한 관계를 가지고 있으며 좋은 서비스라 하더라도 전통 관습과 배치되는 경우에는 수요 창출이 어렵다.

대상은 고인, 유가족 및 조문객 등 다양하지만 서비스 시스템과 이용자 사이에 직접적인 접촉의 기회는 적지만 서비스 제공 과정에서 이용자와 물리적 접촉과 의사소통 등 장례서비스의 공동 생산자로 참여하는 경우가 많다.

장례서비스의 구성은 크게 인적 서비스, 물적 서비스 및 시스템 서비스로 구분할 수 있다.

첫째, 인적 서비스는 서비스 제공에서 가장 중요한 요소이며 직접적으로 고객과 접촉하며, 고객의 눈에 비친 이들의 서비스가 장례서비스 서비스 품질에 큰 영향을 끼친다. 따라서 인적 서비스 종사자들은 장례서비스 전반에 대해 해박한 지식과 능숙한 기능 보유자로 직무능력이 뛰어나야 한다.

둘째, 물적 서비스는 기본시설, 관리시설, 부대시설로 구분할 수 있다. 수시, 염습 및 입관 등 시신의 위생처리시설과 유족과 조문객을 위한 시설은 장례식장의 기본시설로 분류되며, 용품실, 식당 등은 관리실, 화장실 주차장 등은 부대시설로 구분할 수 있다. 이러한 물적 서비스 분야는 유족과 조문객을 위한 기본 지원시설에 더 큰 서비스 비중을 두어야 하며, 서비스 시설물의 형태, 내외장재, 조명, 환기시설 등은 장례식장을 경건하고 쾌적한 분위기에 맞추어 서비스 유지가 이루어져야한다.

셋째, 시스템 서비스는 전산화, 자동화, 기계화 등의 기술을 적용해 이루어진다. 업무 활동의 표준화를 통해 유족 및 이용자들에게 균일한 서비스를 제공함으로서 일관되고 효율적인 서비스 제공이 가능하다.

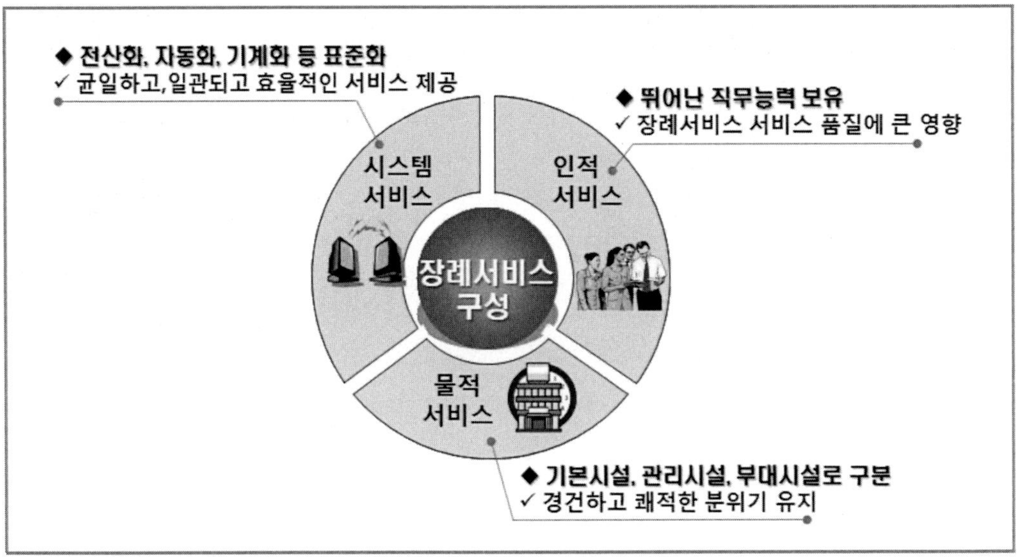

그림 1-7 ▶ 장례서비스의 구성도

2.3.2 장례지도사의 역할

장례지도사란 장례 의식전반에 대한 다양한 서비스를 제공하여 소비자의 편익과 국민 보건증진시키는 직무인 동시에 상주(상조회사 회원)와 가장 먼저 만나는 직업이다. 따라서 상주(상조회사 회원)가 장례에 관한 모든 것을 믿고 맡길 수 있게 장례에 관한 절차, 비용, 시설 이용 등을 잘 알고 매끄럽게 장례를 진행하여야 한다.

이를 수행하기 위하여 먼저 장례에 대한 절차를 충분히 숙지 및 점검하고 이에 필요한 제반사항을 준비한다.

사망자를 접수하고 안치한 다음에는 유족과 장례일정, 장례절차 및 방법, 장의용품과 가격 등에 대해 상담한다.

또한, 유족들에게 조문객 접대 준비에 대해 안내하고, 조문 예법에 관해 지도·안내한다. 시신위생 관리 측면에서는 시신 안치, 수시, 염습 및 입관 등의 절차를 수행한다.

입관 절차가 완료되면 성복제, 발인제 등의 제의례를 준비한다. 장례 3일째 장지로 시신을 영구차로 운반하는 것을 관리하며, 매장의 경우 묘역을 조성하고 하관을 하거나, 또는 화장의 경우 화장 및 봉안 절차를 수행한다. 장례 후 제례의식, 이장 등에

관하여 상담한다.

따라서 시신처리와 함께 유가족과 동반하여 장례식장 및 장지에서 유가족의 슬픔을 함께하는 진실된 마음으로 유가족이 편안한 분위기에서 장례를 치를 수 있도록 정중하게 안내하고 지도한다.

장례지도사의 행동에서 인사는 상대방에 대한 마음가짐의 외적 표현이며 존경심과 친절을 나타내는 형식이며, 상대방이 느낄 수 있는 첫 번째 감동이다. 상대방이 불편을 느끼지 않도록 기본 마음으로 행동하고, 용모와 복장은 냄새와 얼룩이 없도록 청결하고, 의복이 화려하지 않고, 머리모양, 신발 등을 깨끗하고 단정하게 하며, 화려한 악세사리(귀거리, 목걸이 등) 착용은 금지한다.

유니폼을 착복하는 경우 회사의 상징성을 의미하기 때문에 청결하고 간결하며, 더위나 추위에 따라 복장을 접거나 덧입는 것은 삼가하도록 한다.

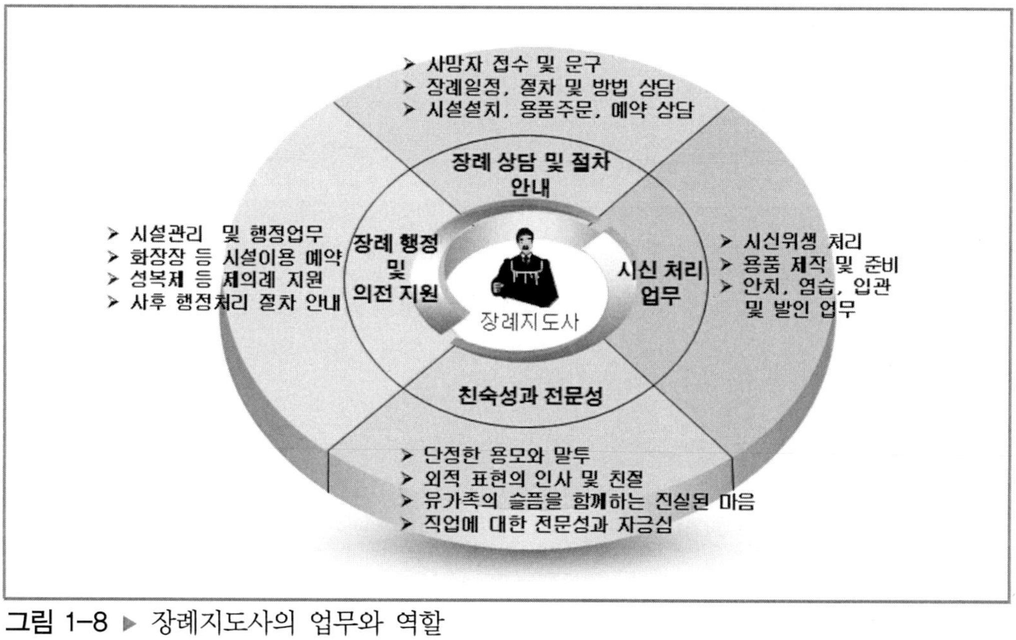

그림 1-8 ▶ 장례지도사의 업무와 역할

Chapter 02

사망자 안치와 장례준비

1. 사망자 접수 및 운구 업무

1.1 사망자 접수 업무

일반적으로 사망자가 발생되는 장소는 의료기관의 병실, 중환자실 및 응급실, 요양(병원)시설, 자택, 사고 현장 등 기타 장소이다. 사망자를 운구하기 위한 최초 연락은 대부분 전화로 이루어지는 경우가 많으며, 발생 상황에 따라 대처하는 방법과 운구 절차가 다소 다르게 진행되고 있다.

1.1.1 자택 사망자 운구 접수

유가족은 가족 가운데 누군가 사망하게 되면 장례식을 위해서 장례식장을 선정하게 된다. 장례식장을 선택하는 이유로는 장례식장과 인접한 지역이거나 사용의 편리성, 접근성 등의 이유이며, 전화로 이용가능 여부를 먼저 확인하게 된다. 따라서, 최초 사망자 접수는 신중하고 침착하게 이루어져야한다. 연락을 취해온 가족의 경우 매우 당황하고 경황이 없기 때문에 전화 접수자는 이러한 심리 상황을 잘 파악하고 침착하고 안정되게 사망자 위치, 주변 상황 등 정보를 충분히 입수하고 사망자 접수를 받을 수 있도록 한다.

그림 2-1 ▶ 사망자 발생과 접수 및 처리 절차

가족을 잃은 유가족은 정신적으로 흥분되고 심리적으로 불안정하기 때문에 일처리에 있어 더욱 신속한 처리를 원하고 있으며, 시간이 지체될 경우 더 불안하고 흥분되게 된다. 따라서 정중한 어법과 위로의 말을 함께 하도록 한다. 먼저 자신을 소개하고 출동에 따른 소요시간과 연락처를 알려주도록 한다.

예를 들면 "저는 000 장례식장 000입니다. 저희가 곧바로 출동하겠습니다. 저희가 도착할 때까지 조금만 기다려 주십시오. 그동안 다른 가족들에게 연락 하십시오. 저의 연락처는 000-0000번입니다. 출발과 함께 다시 연락드리도록 하겠습니다."

1.1.2 자체병원 내 사망자 운구 접수

장례식장이 위치하고 있는 의료기관(병원)내의 병동, 중환자실, 응급실 등 자체 병원 내에서 사망자 운구 연락을 받게 되면 어느 중환자실, 응급실 또는 병동인지 병원 내 연락자 위치를 정확히 파악 확인한 다음 안치실 운구담당자 또는 장의차량 협력업체에 연락하여 운구 및 안치 하도록 한다.

1.1.3 타병원에서 사망자 운구 접수

타 의료기관에서 사망하여 고인을 이송해 올 경우 고인의 성명, 병원의 위치, 연락자(일반전화, 핸드폰)를 정확히 확인한 다음 운구 차량 협력업체에 연락한다. 특히, 타병원의 경우 사망진단서 발급에 관한 사항을 꼭 인지시켜 준다.

1.1.4 노인시설 등에서 운구 접수

노인시설 등에서 사망자가 발생한 경우 전화 접수는 연락자 및 사망자 운구위치 정보가 가장 중요하며, 고인의 성명, 주소, 연락자(일반전화, 핸드폰)및 사망자와의 관계 등을 정확히 확인한 후 장의차량 협력업체에 통보하게 된다. 의료기관에서 사망한 경우가 아닐 때는 사망자는 응급실을 경유하여 의사의 검안을 통하여 사망을 확인한 후에 장례식장을 이용하게 되기 때문에 사망자의 신분증 등 확인할 수 있는 서류를 지참할 수 있도록 응급실로 출발하기 전에 미리 안내한다.

1.1.5 기타 운구 접수

교통사고, 사건현장 등에서 사망자가 발생한 경우 사망자 운구는 해당지역 관할 경찰서 등에서 연락이 있을 때 운구 장소를 정확하게 파악하고, 출동하여 담당 경찰(과학수사대)의 협조로 업무가 이루어진다.

사고사, 외인사로 판정이 되었을 경우에는 반드시 검시나 경찰에 의한 감식이 이루어지기 때문에 경찰의 협조 요청에 따라 시신 수습 또는 운구 절차가 이루어진다.

사고 현장에서 사망자가 발생한 경우 경찰(과학수사)의 현장 검증을 한 다음 시신을 수습하여 장례식장에 안치하고, 경찰이 관련자들의 사건 경위서를 작성하여 검찰에 접수하여 검사의 지휘에 따라 장례 또는 사망원인을 밝히기 위해 국립과학수사연구소에서 부검을 한 다음 장례식을 하게 된다.

경우에 따라서는 사고 또는 외부요인으로 인해 현장에서 응급 후송된 후 병원(응급실) 내에서 사망한 경우 시신의 상태를 확인하기 위해 검사 또는 담당형사가 직접 검시를 하게 되며 사진 촬영을 포함하여 시신에 대한 정밀 조사가 이루어진 다음 안치실에 안치하게 된다.

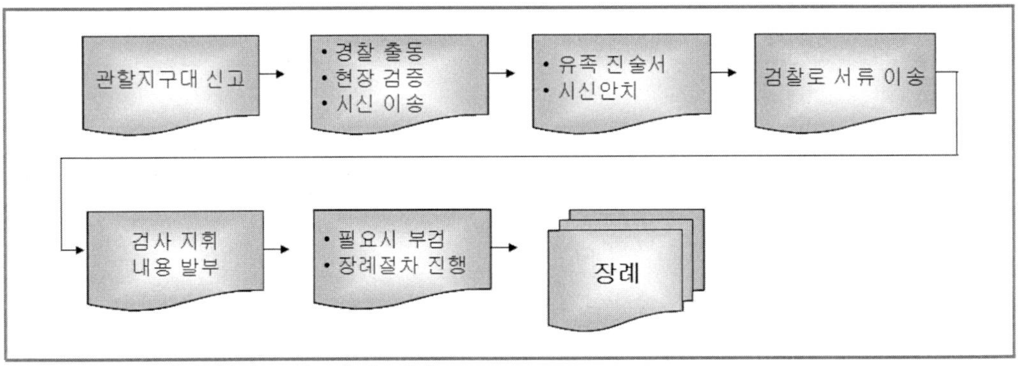

그림 2-2 ▶ 외인사(사고사) 처리 절차

1.2 사망자 운구 업무

1.2.1 운구 출동 준비

사망자 운구 업무는 운구 장소가 원내 및 원외에 따라 달라질 수 있으며, 일반적으로 원내인 경우 자체병원에서 이루어지는 경우는 응급실, 중환자실 및 해당 병실(입원실)에서 간호사로부터 운구 사실 통보(전화 연락)가 오거나 유가족의 전화 연락이 오게 되면 해당 장소를 분명히 인지하고 사망자 위치 장소로 출동을 하게 된다.

운구자는 운구 준비를 위해 다음과 같은 준비가 이루어져야 한다. 원내 운구를 위해서는 운구카트, 덮개 등이 필요하며, 원외 사망자 운구에 있어 준비사항은 상황에 따라서 운구카트, 들것, 비닐, 수시포, 칠성판, 끈, 가위, 칼 등의 상황에 따라서 장비들을 준비하여야 하며, 운구자는 위생마스크, 가운, 운구용 장갑 등 개인 위생장비 착용이 반드시 이루어져야 한다.

운구 인원은 사망자의 체중을 감안하고 기타 상황을 대비하여 일반적으로 2명으로 이루어지게 된다. 원내 또는 원외 운구의 대부분은 차량으로 이송하기 때문에 차량운전이 필수적이다. 특히, 원외의 경우 운구지역의 지리 파악이 무엇보다 중요하기 때문에 도로사정, 지리사정에 익숙한 운전자가 필요하며, 경우에 따라서는 차량용 네비게이션 장착도 필수적이다.

그림 2-3 ▸ 장례식장 고인 운구 차량(좌 : 시신운구용, 우: 사고사 및 부검용 시신운구용)

1.2.2 병원 장례식장 운구 실무

운구는 기본적으로 2명에 의해 이루어지며, 운구자는 가운을 입고 운구카트를 가지고 해당 병실(응급실, 중환자실 등)을 방문하여 간호사(사체 인계자)로부터 사망통보서를 넘겨받거나 구두로 인적 사항을 확인한다. 이때 해당 간호사로부터 사고에 의 병사와 구분하기 위해 병사, 사고사 등을 확인 받는 것이 중요하다.

최초 사망자를 인계 받을 때는 사망진단서(또는 사체검안서) 발급이 이루어지기 이전이기 때문에 사망자와 관련된 정보나 기록이 전혀 없는 상태이다. 따라서 해당 병동에서는 사망자와 관련된 정보를 가장 정확하게 알 수 있기 때문에 "사망 통보서"를 작성하여 시신을 함께 운구함으로서 사망자 취급에 있어 감염관리에 주의를 기울일 수 있다.

운구 및 안치자는 가장 먼저 시신을 취급하는 자 이기 때문에 시신과 관련된 주의사항과 정보가 무엇보다 중요하며 철저한 서류 작성 및 관리가 필요하다.

그 이유는 사망자의 사망관련 정보를 잘 알지 못하는 상태에서 사망자를 취급하면 감염의 위험성에 노출될 수 있다. 최초 시신 운구자는 시신을 인도 받을 때 의사 또는 간호사로부터 사망자의 감염성, 또는 취급의 주의점을 구두로 전달 받을 경우 그 위험성을 염습 등 다음 시신 처리자에게 전달되지 못하는 경우가 대부분이다. 병원에서 입원 또는 치료 도중에 사망한 경우는 해당 병원의 의사는 사망진단서를 발급하게 된다. 따라서 사망진단서 발급이 이루어지기 전에 사망자를 취급하는 경우 사망통보서를 먼저 확인함으로서 사망자 취급에 따른 보건 위생상의 주의를 기울일 수 있다.

원외 운구는 사망자 발생지역이 자택·타의료기관·기타 장소에서 운구가 이루어지는 것으로 의료기관을 제외하고는 해당병원의 응급실에서 의사가 검안하고 사망진단을 받고 장례식장으로 이송하여 안치하게 된다. 이때 의사는 사망자의 사체 검안서를 발급하게 된다.

교통사고인 경우 현장에서 바로 사망한 경우도 있지만, 중상으로 사고지역을 벗어나 주변의 큰 의료기관으로 이송된 다음 해당 병원에서 치료도중 사망한 경우는 사고사로 분류하고, 해당 사고 장소 관할 경찰서에 연락하여 사고사 신고를 하여야 한다. 이런 경우에는 신고 받은 경찰서에서 담당경찰이 출동하여 검안 및 사진촬영 등 기본조사를 실시하게 된다. 경우에 따라서는 경찰서간의 협조에 따라서 가까운 경찰서에서 대신 출동하는 경우도 있다.

따라서 사망자 발생 장소는 다양하기 때문에 법적 절차와 처리과정을 잘 숙지하여야 한다.

표 2-1 ▶ 사망자 통보서 양식

사망통보서

<table>
<tr><td>등 록 번 호</td><td colspan="5"></td></tr>
<tr><td>성 명</td><td></td><td>연령</td><td></td><td>성별</td><td>□M/□F</td></tr>
<tr><td>주민등록번호</td><td colspan="5"></td></tr>
<tr><td>주 소</td><td colspan="5"></td></tr>
<tr><td>사 망 일 시</td><td colspan="5">20 년 월 일 시 분</td></tr>
<tr><td>사 망 장 소</td><td></td><td colspan="4">□ 진료중 사망 □ D.O.A</td></tr>
<tr><td rowspan="4">사 망 원 인</td><td>□ 병사(병명)</td><td colspan="4"></td></tr>
<tr><td rowspan="2">□ 외 인 사</td><td colspan="4">□교통사고 □불의의 중독 □불의의 추락</td></tr>
<tr><td colspan="4">□불의의 익사 □자살 □타살 □기타사고</td></tr>
<tr><td>□ 기타 및 불상</td><td colspan="4"></td></tr>
<tr><td>감염성</td><td>□유 / □무</td><td colspan="2">감염경로</td><td colspan="2"></td></tr>
<tr><td>사체 취급시
위험도</td><td colspan="5">□고위험 □위험 □ 중등 □ 안전</td></tr>
<tr><td colspan="6">위 사망자가 발생하였기에 통보함.
담당의 : (인)
00 대 학 교 병 원</td></tr>
</table>

<table>
<tr><td>운구 연락시간</td><td colspan="3">20 년 월 일 시 분</td></tr>
<tr><td>안 치 일 시</td><td colspan="3">20 년 월 일 시 분</td></tr>
<tr><td>안 치 호 실</td><td>호</td><td>고인명</td><td>故 님</td></tr>
<tr><td>운구/안치자</td><td colspan="3"></td></tr>
<tr><td>주의사항</td><td colspan="3"></td></tr>
</table>

1.2.3 전문 장례식장 운구 실무

2011년말 현재 우리나라에는 약 1,000여개의 장례식장이 있으며, 그 가운데 약 30% 정도가 전문 장례식장으로 운영되고 있다.

전문 장례식장의 경우 사망자는 외부에서 모셔 와야 하기 때문에 차량운구는 필수적이다. 따라서 사망자 운구는 장례식장 자체에서 운영되는 경우도 있고, 시신 운구를 전문으로 하는 용역 회사에 의뢰하는 경우도 있다.

전문 장례식장에서 장례를 하는 경우 사망확인서는 사망 발생장소가 의료기관에서 사망하여 이송되어 오는 경우는 해당 의료기관의 의사에 의해 사망진단서가 발급이 되지만, 가정이나 기타 시설에서 사망한 경우는 병원응급실을 경유하거나 아니면 장례식장에 시신을 운구한 다음 촉탁의사의 검안을 받은 후 사체검안서를 발급 받는 경우도 있다.

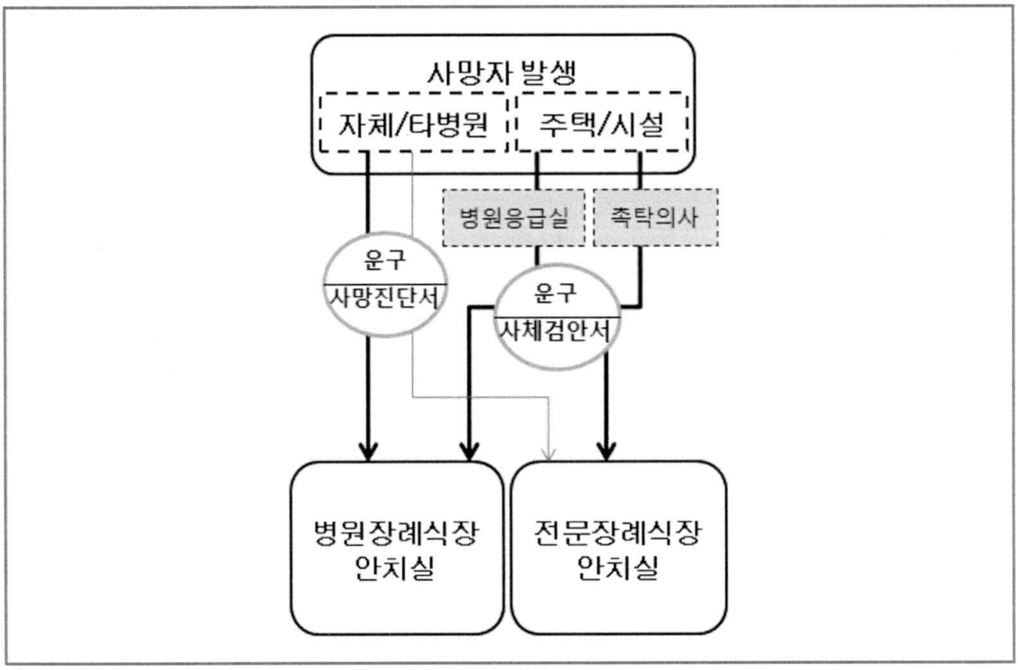

그림 2-4 ▶ 사망자 발생 유형별 행정 서식

1.2.4 운구와 유가족 준비사항

주택이나 의료시설 등 기타장소에서 사망자가 발생되면 대부분은 유가족이 동반하게 되며 함께 운구를 하는 경우가 많다. 이런 과정에서는 유가족이 슬픔과 경황이 없기 때문에 운구를 하기 전에 장례지도사는 시신이 안치될 때 까지 과정을 잘 설명하여야한다.

의료기관의 응급실을 경유하는 경우에는 고인은 응급실로 이송되고, 동시에 유가족은 고인의 주민등록증이나 신분확인이 가능한 신분증 등을 준비하고 병원 수납을 하여야 하기 때문에 몹시 혼란을 겪게 된다. 따라서 장례지도사는 차분하게 유가족이 수납하고 응급실로 올 수 있도록 안내한다.

응급실에서는 의사에 의해 고인의 사망을 확인하고 유족의 상황 설명을 청취하면서 사체검안서를 작성하게 되면 유가족은 고인과 함께 다시 장례식장의 안치실로 이동하게 된다.

그러나 사체검안서는 시신의 운구와 동시에 발급되는 것이 아니기 때문에 시간이 경과한 다음 병원 원무과 등에서 사체검안서를 발급받을 수 있기 때문에 유가족들로 하여금 추후에 서류를 발급 받을 수 있도록 안내한다.

2. 안치실 실무

2.1 사망자 안치업무

안치(安置)는 사망자를 장례식장에 모시고와서 가장 먼저 하는 업무이다. 유가족들에게 장례식장 이용 절차와 함께 수시의 필요성을 설명해 드리고 먼저 수시를 하고 안치하게 된다. 장례식장에 따라서는 수시를 하지 않고 바로 안치하는 경우도 있다.

사망자의 유가족들이 상조회사에 상조상품을 가입하였거나 사고사인 경우에는 일반적으로 수시를 하지 않고 바로 안치하는 경우도 있다.

고인을 안치 냉장고에 모시기 전에 사망자의 상태를 먼저 확인한다. 사망자가 사망전 병실에서 오랫동안 치료를 받은 경우에는 카테터를 비롯한 각종 기구들이 포함될 수 있으므로 안치하기 전에 확인하고 제거하도록 한다. 이 과정에는 유족이 직접 참석하여 고인의 이름과 얼굴을 다시 한 번 더 확인 하도록 한다.

2.1.1 수시(收屍)와 용품 준비

수시할 때는 수의를 입기 전에 옷을 갖추어 입는 과정과 사후 경직을 예방하는 업무 등 수시과정을 유족들에게 먼저 설명하고 고인이 입고 있는 의복을 제거하고 수시복으로 갈아입히고 일련의 처리과정을 거친 다음 손발, 얼굴정리 등 사망자의 남녀 구분에 따라서 업무를 실시한다.

수시를 하기 앞서 먼저 필요한 수시 용품을 만들거나 준비한다. 용품으로는 시상판(칠성판), 받침대, 한지, 탈지면, 베개, 수세포, 가위(칼), 알코올 등을 준비한다. 수시를 하기전에 미리 만들어야할 용품으로는 칠성판을 한지로 싸기, 손싸개용 한지는 삼각형 모양으로 접기, 한지에 탈지면을 이용하여 턱받이 만들기, 하대는 한지를 길게 펴서 탈지면을 가운데 한 줄로 깔고 잘 싸서 한쪽 끝을 허리에 채울 수 있도록 접고, 시신을 묶을 수 있도록 2장을 하나로 하여 5장의 종이끈을 만든다.

2.1.2 수시 과정 및 안치

수시작업은 일반적으로 2인 1조로 진행하게 된다. 작업과정에서는 시신 위로 물건이 지나다니지 않도록 머리쪽 또는 발쪽으로 필요한 물품을 전달한다. 작업을 진행하는 장례지도사는 위생복, 위생모, 위생장갑을 착용한다. 작업을 시작하기 전에는 고인을 처음 대면하기 때문에 간단한 목례를 올린다. 작업의 시작은 고인의 아래(다리)쪽에서 좌, 우 한 명씩 다가간다.

㈎ 속굉을 하여 죽음을 확인한 다음 솜으로 귀, 코를 막는다.

㈏ 시신의 팔과 다리를 잘 주물러주고, 구부러진 곳은 반듯하게 펴준다.

㈐ 시신의 어깨를 한 사람이 잡아 주고 다른 한 사람이 어깨를 묶는다.

㈑ 손싸개를 사용하여 손을 감싸주며(공수 : 남좌여우), 이 때 종이의 접은 부분이 보이지 않도록 바닥쪽(아래쪽)으로 싸개를 접는다. 삼각형 모양으로 접도록 하되 뾰족하지 않도록 한다.

㈒ 다른 한 사람이 손 위를 지나도록 묶는다.

㈓ 무릎을 모아주고 다른 한 사람이 무릎 위쪽에서 묶는다.

(사) 발을 잡아주고 정강이를 묶는다.

(아) 엄지발가락 사이를 지나도록 끈을 돌려서 두 발을 묶어준다.

(자) 정강이를 묶은 끈과 발가락을 묶은 끈을 함께 당겨서 발이 반듯하도록 한다.

(차) 어깨, 손, 다리, 발을 묶은 끈 매듭이 나란하게 보이도록 가지런히 묶는다.

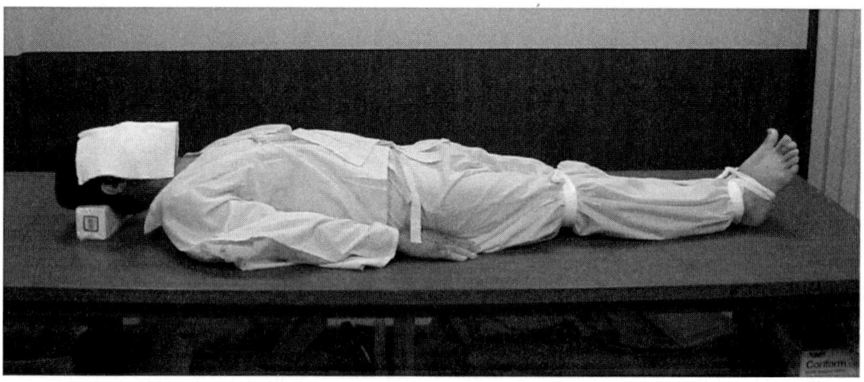

그림 2-5 ▶ 사망자 - 수시과정

장례식장에 따라서는 이 상태에서 안치하는 경우도 있지만 수시 후 시상판(칠성판)에 옮긴 다음 안치하는 경우도 있다. 시상판에 시신을 모시는 경우는 다음과 같다.

(가) 시신을 모실 장소에 머리, 허리, 종아리 부분에 받침대를 놓는다.

(나) 한 사람이 시신의 반대쪽 어깨와 엉덩이 쪽에 손을 깊숙히 넣어 자신의 몸쪽으로 회전시킨다. 바닥에서 하는 경우 자신의 무릎으로 시신을 기대어 밀리는 일이 없도록 받친다. 반대쪽 사람이 칠성판을 몸의 중앙에 오도록 집어넣고 시신을 살며시 원래대로 내려 놓는다.

(다) 시상판을 머리쪽과 발쪽에서 들어 조심스럽게 받침대 위로 올린다.

(라) 끈을 이용하여 시신을 시상판에 세 매듭 정도 묶어서 떨어지지 않게 한다.

(마) 수시포를 양쪽에서 잡고 살며시 덮은 후 좌우 및 위 아래를 가지런하게 여며놓는다.

(바) 고인의 머리는 동쪽으로 두도록 한다. 대부분의 장례식장에서는 이 상태에서 안

치 냉장고에 안치하게 된다. 수시포를 이용하여 고인을 덮고 냉장고에 모실 때는 얼굴 확인 등을 위해서 얼굴이 밖으로 위치하도록 발을 먼저 넣고 안치한다.

냉장고의 설정 온도는 일반적으로 손상이 없는 경우에는 0~4℃로 설정하며, 손상이 있거나 부패가 있는 경우는 0℃ 이하 영하의 기온으로 설정하여 보관하기도 한다.

냉장고 설정 번호는 빈소(분향실) 번호와 일치되도록 하는 것이 좋으며, 냉장고 문에는 고인의 이름, 나이, 성별, 안치 날짜 및 시간, 빈소 호실 등이 표시된 인식표를 설치하도록 한다.

시신 안치 냉장고의 장금장치는 시신 관리 과정에서 문제점이 발생되지 않도록 하기위하여 상주가 보관하는 경우도 있으며, 또한 염습 및 입관 시에 고인의 얼굴을 다시 볼 수 있다고 설명을 하여 가족들의 불안함을 경감시키도록 한다.

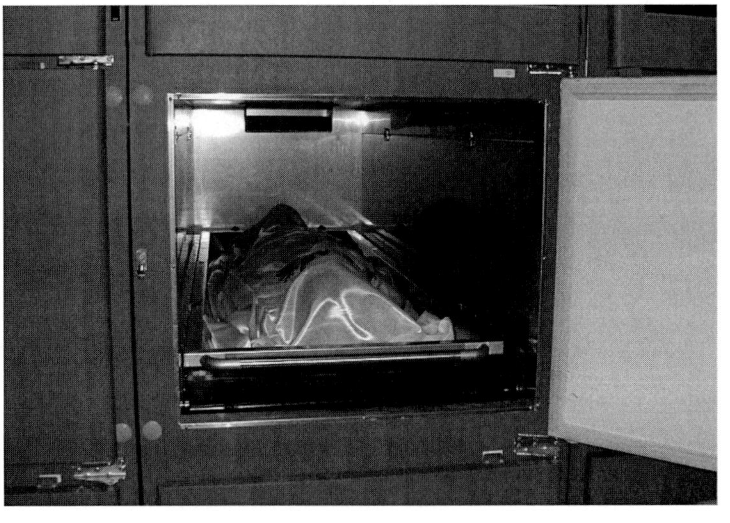

그림 2-6 ▸ 안치실 냉장고에 안치된 사망자

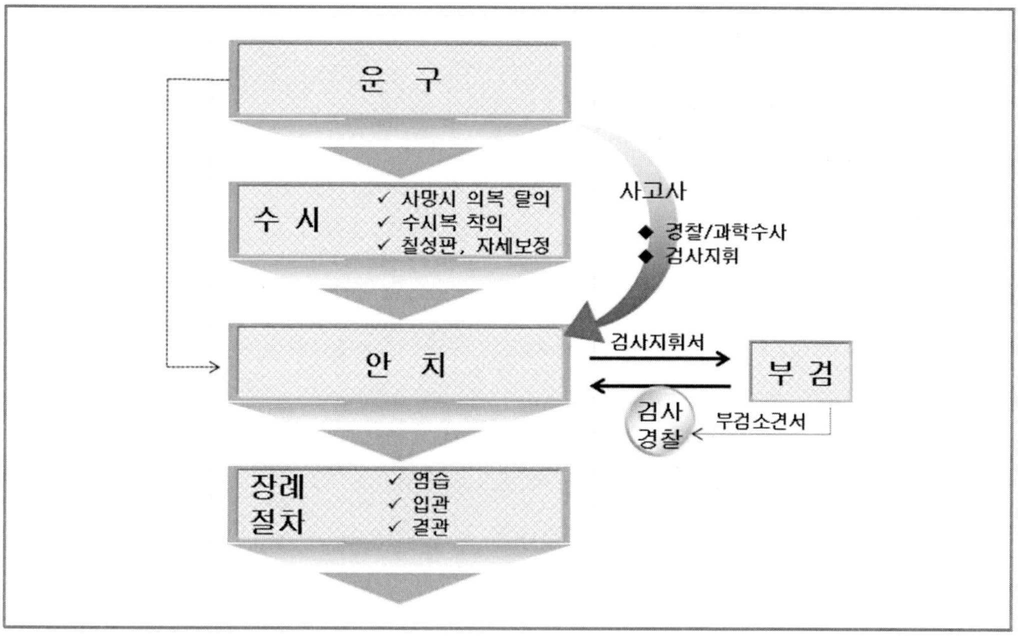

그림 2-7 ▶ 사망자 운구 후 안치 처리 업무

2.2 안치실 관리

근래 장례식장에서 안치(安置)는 시신의 부패와 세균번식 등을 막기 위하여 냉장시설에 시신을 모시는 것이다. 따라서 안치실에는 냉장 시설이 필수적이다. 장사등에관한법률 및 시행규칙에는 "안치실"이라는 용어대신 "시체실"로 표기 되어 있으며 통상적으로 안치실로 명칭되고 있다.

안치실의 관리는 장사등에관한법률 제29조 2항에 따라 장례식장내 시체를 보관할 때는 위생적으로 관리하여야 하는 의무와 동법 시행규칙에서는 시체실내 실내공기 정화를 위한 환기시설, 상하수도 시설을 함께 설치하도록 되어있다. 또한 매주 1회 이상 청소 및 소독을 하고 이를 기록한 기록대장을 비치하도록 하고 있다.

시체실을 출입하는 사람들의 감염 예방을 위하여 보호마스크, 보호장갑 및 위생복을 착용하도록 규정하고 있다. 또한, 시체실에서 발생되는 각종 폐기물은 "폐기물관리법"에 따라 의료폐기물로 분류하여 관리하도록 하고 있다. 이와 같은 시체의 위생적 관리 의무를 위반한 경우에는 2개월 이내의 시정명령을 내릴 수 있다.

안치실은 유가족이 최초로 이용하는 시설이므로 장례식장의 최초 이미지 설정에 중요한 역할을 한다. 따라서 철저한 위생관리 및 정리 정돈을 통해서 냄새가 나지 않도록 하며, 편안하고 청결한 분위기를 유지할 수 있도록 하여야 한다.

각종 감염성 시신은 전용 안치실에 안치 후 소독 작업이 반드시 이루어지도록 하여야 하며, 안치실 출입은 관련된 직원 외에 출입은 엄격히 제한하도록 한다. 안치실에서 사용된 각종 장비, 기구, 도구는 사용 후에는 항상 소독하여 보관하며, 업무과정에서 발생된 감염성 폐기물과 일반폐기물은 분리 보관하여 처리하도록 한다.

그림 2-8 ▶ 장례식장 안치실 내부

3. 장례 상담과 계약 체결

3.1 장례 상담의 개요

최근 장례식은 가정에서 이루어지는 경우는 거의 없으며, 대부분은 전문 시설이 갖추어진 장례식장을 이용하는 경우가 대부분이다.

장례를 위해 사용할 시설공간은 주변의 가까운 장례식장을 확인하고 선택하게 되며, 이용을 위해서는 필요한 사전 설명과 계약 관계가 이루어져야 한다.

먼저 장례식장 제공자는 유가족(이용자)에게 장례식장의 시설 및 서비스 이용과 그에 따른 비용에 관하여 상세하게 설명을 하여야한다. 이용하는 장례식장의 시설 현황으로 분향실(빈소) 및 접객실을 포함한 유족 편의시설, 안치실, 발인실 등 고인 안치와 장례절차에 이용되는 시설, 매점이나 식당 등 부속 시설, 휴게실, 현금인출기 등 부속 편의시설에 관한 시설 현황을 소개한다. 아울러 이용적인 측면에서는 법적인 근거에 의해 의무와 준수에 따른 보장이 담보되어야 한다.

장례 상담은 장사등에관한법률 및 공정거래위원회에서 제정한 장례식장 표준약관에 의거하여 장례식장을 운영하는 사업자와 장례식장을 이용하는 유족 등(이용자) 간의 장례식장의 이용에 관한 제반 계약사항 규정에 따라 진행된다.

주요 규정 내용에는 장례식장 이용에 있어서 합리적 요금 산정기준을 마련하고 있고, 이용시설의 계약기간을 시간단위로 표시하며, 사업자가 제공하는 장례용품의 이용을 이용자에게 강제하거나 웃돈을 요구하지 못하도록 사업자의 의무사항을 부과하고 있고, 그 밖에 계약 위반시 손해배상을 명문화 하고 있다.

그림 2-9 ▸ 장례식장 상담실 내부

이러한 근거에 의거하여 이용자의 종교별 장례절차 및 장례방법, 염습 및 입관시간, 발인 일정, 유족참관 등의 관한 사항과 그에 따른 부대비용을 설명하고 협의가 있어야 한다. 또한 매장 또는 화장에 따라서 화장 및 봉안시설, 매장시설 등에 관한 정보를 제공할 수 있도록 한다.

그 밖에 해당 병원에서 입원하고 치료도중 사망한 경우 입원사실 확인 및 연고 확인 등을 통하여 장례식장 사용에 따른 감면 사실 등을 알려준다.

본격적인 상담에 앞서 장례지도사는 유가족들에게 상조회사 가입 여부를 확인하여 이용과정에서 상조업무와 겹치지 않게 하고, 장례식장 이용에 대한 음식 주문 및 시설 사용 방법과 상조회사를 이용하는 경우 상조회사 지원 물품(꽃, 상복, 차량 등)을 구별하여 상세히 설명한다.

장례 상담 시작은 결정 후 번복되고 반복되는 설명을 막기 위해서 장례식과 집안의 대소사에 관여하는 집안 어른이 포함된 상태에서 상담을 하도록 한다. 특히 용품 및 이용 가격, 중간 및 최종정산과 관련된 금전적 문제 등을 고려하여 유가족의 가족관계를 잘 파악 하도록 한다.

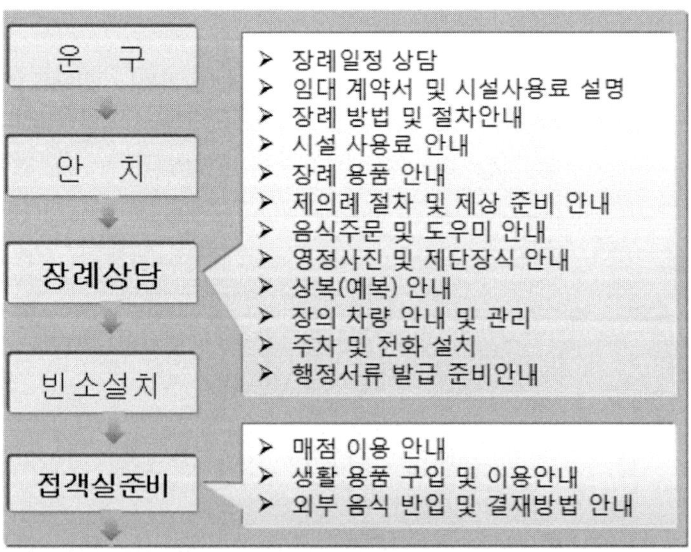

그림 2-10 ▶ 장례 상담과 업무내용

3.2 장례 상담 실무

장례 상담은 장례식장내 별도의 전용 상담실을 마련하여 조용하고 편안한 분위기에서 품격 있는 장례 상담이 이루어지도록 하고 상담자 주관이 개입되지 않도록 하면서 상주가 선택할 수 있도록 하여야 한다.

장례식장의 기본 목적은 양질의 서비스 제공과 그에 따른 수익 창출에 있다. 따라서 장례 상담은 물품 및 서비스 제공과 함께 비용을 지불받는 목적으로 하고 있다.

우리나라에서는 장사 등에 관한 법률에 장례식장 이용과 관련하여 장례식장 영업자는 장례식장의 임대료와 장례와 관련된 수수료 및 장례용품의 품목별 가격을 표시한 가격표를 이용자가 보기 쉬운 장소에 게시하도록 하고 있어 이용자와 계약자 사이의 공정성을 기하고 있다.

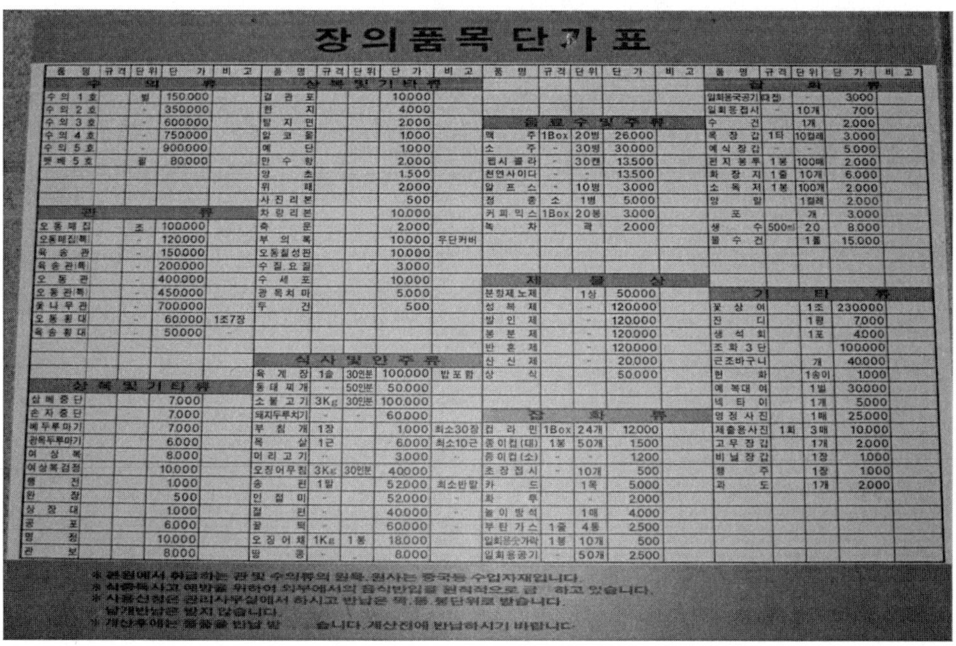

그림 2-11 ▸ 장례식장 상담실에 설치된 품목별 이용 가격표

장례 상담 진행 절차는 유가족이 상조상품에 가입 유무에 따라 해당 장례식장에서 장례 전체과정을 위임하여 장례식을 진행하는 경우와 상조회사를 통하여 장례식장 시설을 이용하는 경우에 따라 상담내용이 달라진다.

상담은 가급적 유가족들이 다 모여 있는 상황에서 실시하도록 하여 결정 후 번복과 재차 설명에 따른 장례지도사의 업무과중을 피하도록 한다.

상담실에서 상담할 장례지도사는 유가족을 대상으로 먼저 큰 상주를 확인하고, 고인 관련 인적 사항을 확인한다. 상조 가입유무를 먼저 확인 한 다음 안치시간, 고인의 체구, 결정한 빈소를 재확인하고 상담자는 상담을 시작한다.

상담내용은 장례일정, 사망자 서류(사망진단서, 사체검안서), 분향실(빈소) 결정 및 설치, 영정사진 제작 설치, 제단장식, 가족의 종교에 따른 장례절차 및 종교인의 참여 여부, 매장 또는 화장 등 장례방법, 염습일시 결정, 장지 결정 및 장의 차량 준비, 관 및 수의 등 장례용품, 단기전화 가설 신청 여부, 조화 및 상복(예복) 결정, 장례음식 및 매점이용에 관한 내용, 도우미 신청, 시설사용료 및 장례식장 임대차 계약서 작성, 기타 장례에 필요한 내용 등을 상담하게 된다.

표 2-2 ▶ 가격표 서식

[별지 제20호서식]

가 격 표

1. 시　설　명
2. 시설의 소재지
3. 관할 행정기관　　　　　　　　　　　(전화번호 :　　　　　)
4. 가격(요금)표

※ 해당 사항만 기재하시기 바랍니다.

장례식장 임대료		항 목	요 금	임 대 내 용
수 수 료		항 목		서 비 스 내 용
		염습비		
장 례 용 품		품 명	판매(사용)가격	규격/재질/원산지/생산지/제조방법 등
장 의 차 량		요 금		이용요금 산출내용
묘지·사설화장시설·사설봉안시설·사설자연장지	구분	항 목	요금(가격)	요 금 내 용
	사용료			
	관리비			
	상석·비석 등 시설물			
기 타				

210mm×297mm(보존용지(1종) 120g/㎡)

3.2.1 장례일정 상담

먼저 큰 상주를 확인하고, 고인의 인적 사항을 재확인 한다. 고인의 성명, 본관, 나이, 주민번호, 등본상 주소, 종교 등을 확인한다. 그 밖에 안내판 자료를 입력하기 위해 가족관계를 확인한다.

유가족들의 관계로 사망자의 배우자, 상주, 딸, 며느리, 사위, 친손자 및 외손자들의 이름을 확인하고 기록한다. 그 밖에 상주의 주소 및 연락관계(전화번호)도 확인한다.

장례일정 기간을 가족들로 하여금 결정할 수 있도록 장례일정을 설명한다. 일반적으로 3일장을 하게 되며, 가족들 중 장례에 꼭 참석하여야 하는 중요한 사람이 외국이나 기타 지역에서 참석이 늦어지는 경우 장례일정을 조정할 수 있도록 설명한다.

고인이나 상주들이 특정 종교를 가진 경우 종교지도자를 확인하고 연락하여 장례일정에 관여하거나 진행 과정에 참여할 수 있도록 한다. 따라서 종교별 장례절차 및 준비사항도 함께 설명한다. 종교가 없고 전통 유교적인 방법으로 장례식을 거행하는 경우 집안의 전통을 감안하여 가정의례에 밝은 분과 상의하여 일정 및 장법을 결정하도록 한다.

유가족들이 매장 또는 화장을 할 것인지 장법 결정을 하게 되면 해당 장법에 맞는 절차와 준비 상황을 설명한다. 특히 화장을 하는 경우 화장장의 지리적 위치, 화장 시간예약에 대한 문제점을 설명하고 가족과 상의하여 화장 예약시간을 결정하도록 한다.

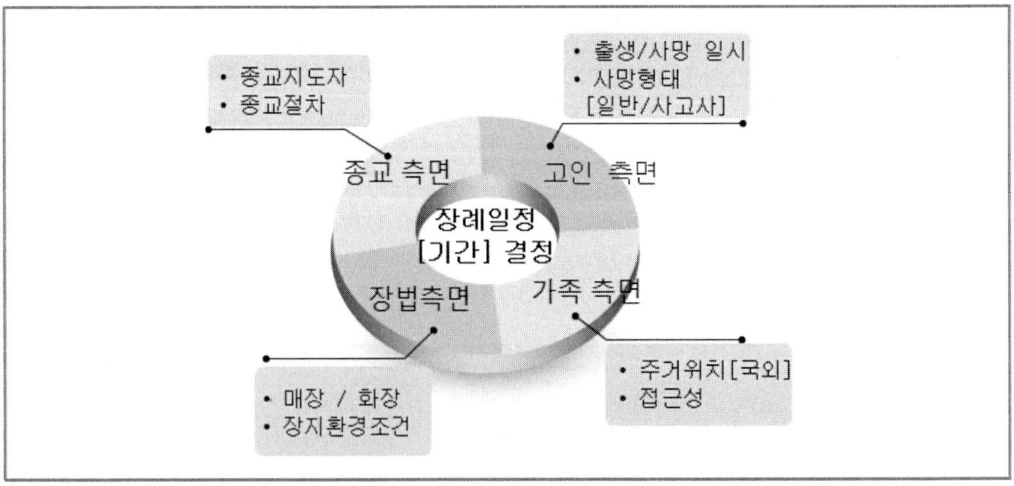

그림 2-12 ▸ 장례 일정을 결정할 수 있는 요인

3.2.2 임대 계약서 및 시설사용료 안내

기본 설명을 마치게 되면 장례식장 이용과 관련하여 먼저 00장례식장 이용 계약서(임대차 계약서)를 작성한다. 표지에는 분향실(빈소) 호실, 고인명, 상주명, 이용기간, 상담자 성명을 기입하게 된다.

계약서 작성은 "00 장례식장(이하 "갑"이라 한다)과 유족대표 000 (이하 "을"이라 한다)는 다음과 같이 계약을 체결한다." 로 시작되며 내용에는 몇 개의 항목별로 구분하여 작성하면된다.

첫째 항목에는 계약기간을 명시하고 있으며, 장례 일정이 결정되면 해당일로부터 "을"이 "갑"의 장례식장을 이용하는 기간은 0000년 00월 00일부터 0000년 00월 00일까지로 한다. (0일장) 가장먼저 계약기간을 작성한다.

다음 항목에는 "을"의 인적사항을 기록하게 된다. "을"의 인적사항 내용에는 고인에 관한 인적사항, 사망 원인 및 일시, 장지 등의 내용과 유족에 대한 인적사항, 시설사용 감면 등에 대한 내용으로 이루어져 있다.

표 2-3 ▶ 장례식장 시설 이용료 계약서의 인적사항 기록

<table>
<tr><td>고인명</td><td></td><td>성별</td><td>남/여</td><td>주민등록번호</td><td colspan="2">-</td></tr>
<tr><td>주 소</td><td colspan="4"></td><td>종교</td><td></td></tr>
<tr><td>사망일시</td><td>월 일 시 분</td><td>사망장소</td><td colspan="2"></td><td>명정</td><td></td></tr>
<tr><td>사망원인</td><td colspan="4">□자연사 □병사 □사고사 □사산아 □기타</td><td>장지</td><td></td></tr>
<tr><td>유족대표</td><td></td><td>고인과의 관계</td><td></td><td>주민등록번호</td><td colspan="2">-</td></tr>
<tr><td rowspan="2">주 소</td><td colspan="3" rowspan="2"></td><td rowspan="2">전화번호</td><td>자택</td><td></td></tr>
<tr><td>휴대폰</td><td></td></tr>
<tr><td>참고사항</td><td colspan="3"></td><td>감 면 대 상</td><td>일반실 기준</td><td>%</td></tr>
<tr><td rowspan="2">상 주 명</td><td>①</td><td>②</td><td>③</td><td>④</td><td>⑤</td><td>⑥</td></tr>
<tr><td></td><td></td><td></td><td></td><td></td><td></td></tr>
</table>

일반적으로 계약서 작성 당시에는 사망진단서(또는 사체 검안서)가 아직 발부되지 못한 경우가 많으므로 사망진단서를 발부 받은 후에 기록할 수 있다.

이용 시설에 대한 항목에는 안치실, 분향실(빈소), 접객실(추가), 영결식장 등이 있고, 사용 여부와 요금산정을 위해서 안치 일시, 입관 및 발인일시, 염습의 구분 등의 항목으로 이루어져 있다.

이용료 및 비용정산 항목에는 접객실을 포함한 분향실(빈소) 규모, 안치료, 영결식장, 염습료 등을 시설의 크기와 시간당 사용료를 설명하고 가족의 결정을 유도한다. 조문객이 많아 접객실 추가 사용을 원하는 경우 분향실 사용료의 추가 부담과 사용 중 다른 상가가 입실할 경우 즉시 비워 주어야 하는 상황을 설명한다.

비용정산 방법은 정해진 분향소(빈소), 안치료 등은 24시간 단위 금액을 말씀드리고 장례 기간에 따라 간단하게 얼마가 나오는지를 설명한다. 사용시간에 따라서는 12시간 이상이면 1일로, 12시간 미만일 경우에 시간단위로 계산되는 것을 주지시킨다. 경우에 따라서는 할인이 적용 되는 상가(喪家)라면 이때 할인될 수 있는 금액을 함께 설명한다.

또한 상황에 맞게 수시비용, 입관비용(일반, 사고사 등), 음식물쓰레기 수거비용, 의료폐기물 수거비용, 영결식장 사용료 등을 설명하고, 이용료를 설명할 때는 펜으로 밑줄 또는 자신이 설명한 내용을 체크 하면서 설명하는 것도 좋은 방법이다

그 밖에 "갑"과 "을"의 계약 의무사항, 계약서상의 제반사항을 성실히 이행하지 않아 발생되는 계약해지에 관한사항, 고의 또는 과실로 발생되는 손해배상, 보관 유무에 따른 멸실, 훼손, 도난 등에 따른 책임관계, 이용 요금의 정산방법과 시기, 분쟁시 재판관할지역, 계약의 해석 등을 포함하고 있다.

장례식장에 따라서는 단기전화 가설 신청, 추가접객실 사용 신청, 장의차량 이용 등을 포함하고 있기도 한다. 따라서 충분한 설명과 이용에 동의가 이루어지면 "갑"은 장례식장 대표자가 되고 "을"은 유가족 대표가 되어 주소, 계약자 서명과 날인을 하게 된다.

3.2.3 장례 방법 및 절차안내

일반적으로 장례 2일째 하게 되는 염습 및 입관의 시기를 결정하기 위해서는 유가

족의 의사와 장례식장(상조회사)의 시설사용 가능 시간을 고려하여 결정하게 된다.

먼저 입관 절차와 입관당일 입관 가능시간을 먼저 설명(예, 오전 9~11시, 오후 11~4시 사이 많이함)한다. 가급적 입관 시간은 상주가 결정하도록 하지만 장례식장의 여건을 고려하여 입관시간을 유도(오후에 하시면 조문객 때문에 오전에 많이 선호함)할 수 있다.

입관 시간은 유가족의 유교적 성향 등에 따라서 사망자의 출생 및 사망시간 등을 고려하여 중상일(重喪日)과 중복일(重復日) 등을 피하는 경우도 있고, 장례식장 사정에 따라 입관시간을 결정하는 경우도 많다. 따라서 유가족 사정상 결정을 하지 못하면 유족간 상의를 통해 결정 사항을 통보받을 수 있도록 하고 넘어간다.

장례식장에 따라서는 입관실이 1개인 경우는 입관 시간이 겹치면 곤란(상조회사의 경우 입관 소요시간 2시간임을 감안해야함)하기 때문에 선행 사용 시간을 잘 확인 하고 시간 안배를 충분히 하여 입관시간을 잡도록 한다.

유가족들이 원하는 장법(葬法)을 확인 한 다음 매장 또는 화장에 따라 관, 수의 등 장례용품 준비와 함께 해당 장지에서 업무와 준비 사항을 설명한다.

유가족이 매장을 원하게 되면 매장지가 개인 가족묘이거나 공원묘지 등에 따라 업무가 달라진다. 개인 묘지를 이용할 경우 묘지 설치 후 분쟁, 토지형질의 변경, 묘지 설치 후 신고 제도, 시한부 묘지 등 행정적인 절차를 간단하게 설명한다. 운구에 필요한 상여, 운구인원 등 준비사항과 장지에서 미리 준비해야할 사항과 당일 준비사항 등을 설명한다. 특히, 집안에 따라서는 풍수지리나 길흉에 따라 중상일(重喪日)과 중복일(重復日)을 피하고 하관길시(下棺吉時)만을 가리는 등 묘지 설치에 민감한 사항이 있기 때문에 가족 중심의 장례가 될 수 있도록 충분히 설명한다.

공원묘지를 이용할 경우 해당 공원묘지에 사전 연락을 통해 계약된 장소에서 매장 준비 작업을 예약하고, 매장 당일 공원묘지에 필요한 서류와 신고서 등 절차와 당일 이용하게 될 시설과 용품을 준비하도록 사전 설명을 한다.

유가족이 화장(火葬)을 하고자 하는 경우 화장장과 봉안지역의 사용료 등을 감안하여 인근지역의 화장장 상황을 설명한다. 화장장을 선택하게 되면 인터넷으로 화장 예약 신청을 하기 위하여 상주 주민번호, 성함, 연락처 등 인적사항을 기록하고, 화장

시간을 설명하고, 상주에게 화장시간을 결정하도록 한다. 화장 시간이 결정되면, 화장 30분 전에 시설에 도착하여 대기하고 접수하도록 하고, 아울러 거리와 이동 시간 등을 감안하여 장례식장에서 출발시간과 발인 시간을 설명하도록 한다. (예, 오전 11시에 화장인 경우, 발인시간 30분, 이동시간 1시간인 경우 발인은 09:00분, 출발시간은 09:30에 출발하도록 한다.)

또한, 화장과 관련하여 화장비용에 대해 유족에게 설명한다. 화장비용은 지역에 따라 차등이 있음을 주지시키고, 고인을 중심으로 고인이 거주해 왔던 해당 지역민인 경우와 관외지역에 있는 화장장을 이용하는 경우에 따라 화장비용이 상이함을 설명한다.

화장 후 봉안 장소(장지) 등을 확인하고 봉안을 시립 봉안당을 이용하는 경우 이용절차 방법 및 비용을 설명한다.

발인 시간을 확인한다. 이용자에 따라서는 여유 있는 경우도 있지만 매장인 경우 일진을 따지는 경우가 있어 새벽에 출상하는 경우도 있기 때문에 시간과 준비사항을 잘 설명하여야 한다.

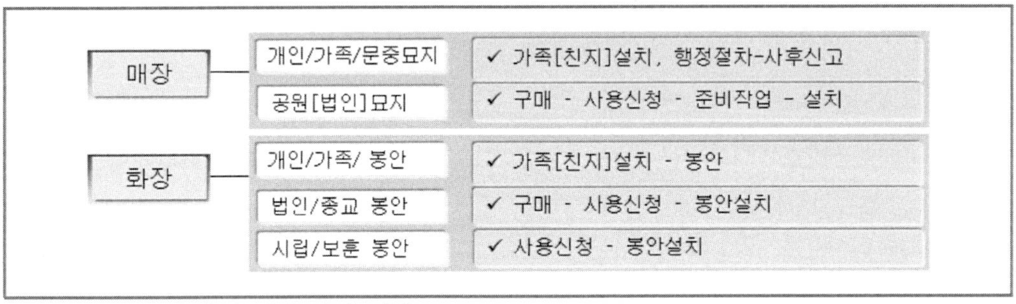

그림 2-13 ▶ 장법 유형별 처리 절차

3.2.4 시설 사용료 안내

장례비용은 장례식장 사용 비용과 장지 구입 비용(매장인 경우 토지 구입, 석물 구입 등, 화장인 경우 화장료, 봉안함, 봉안비용 등)으로 구분 할 수 있다. 장례식장 사용 비용은 장례식 전 과정을 장례식장에 위임하는 경우와 상조회사에 위탁하여 이용하는 경우에 따라 비용항목이 달라질 수 있다. 일반적으로 장례식 비용 항목에는 시설사용료, 용품사용료, 음식물 등을 구분하여 금액이 부과됨을 설명한다.

최근에는 장례식장의 영업적인 측면에서 원내사망자, 대학동문, 지인소개, 종사자 가족 등 여러 항목에 따라 시설 사용료(예, 안치료, 빈소이용료 20% 감면)를 감면해 주는 경우가 많기 때문에 비용 감면 사항을 설명한다.

장례식장 이용에 따른 항목별 정산 내용을 설명한다.

분향실(빈소) 임대료는 접객실과 가면실이 포함된 가격이며 빈소의 크기와 시간에 따라 비용 산정이 달라지고, 사용 시간 및 1일 계산법(12시간 넘어가면 1일 계산)을 충분히 설명한다.

안치료는 안치 냉장고의 사용에 따른 비용 발생을 의미하며, 비용 산정은 시간당 사용료와 1일단위 안치료로 구분하여 설명한다(예, 2,000원/시간, 48,000/1일)

수시비용은 인건비 항목과 사용용품에 따라 비용 산정이 달라진다. 일반적으로 인건비에 해당되는 수시 비용은 장례식장에 따라 비슷하지만, 수시용품은 장례식장에 따라 비용을 달리하고 있다.

입관비용(염습료)는 시설사용료 및 인건비에 해당되며 일반적으로 성인을 기본으로 하며 야간 및 사고사, 소아 및 자가입관 등 상황에 따라 비용을 차등화 하고 있고, 수의나 기타 용품 등은 별도 가격임을 설명한다.

자체입관(상조회사)하는 경우에도 자체 입관료가 부과되며 이때는 상조회사가 이용하는 것이지만 시설 사용료 명목의 비용이 징수됨을 설명한다.

또한, 사고사인 경우는 일반 입관비용보다 많이 징수되는데 그 이유는 처치료 등의 명목으로 비용 발생이 많아짐을 설명 하도록 한다.

발인시 영결식장 사용 여부를 확인 하고 1회 사용에 따른 시간과 비용을 설명하며, 영결식장 사용 방법(관(棺)입장, 제사 가능, 마이크 사용, 제단설치, 영상물설치 등)에 대해서도 설명한다.

그 밖에 음식물 쓰레기 수거비용(쓰레기 봉투 비용), 의료폐기물 수거비용 등 시설 이용에 따른 부대 발생 비용과 상주들이 사용한 침구류의 추가비용 및 세탁비용 등에 관해 설명한다.

정산방법은 요금관계를 확인하고, 금액은 중간 계산서를 확인한 다음 발인 전에 최종 정산을 하도록 안내한다.

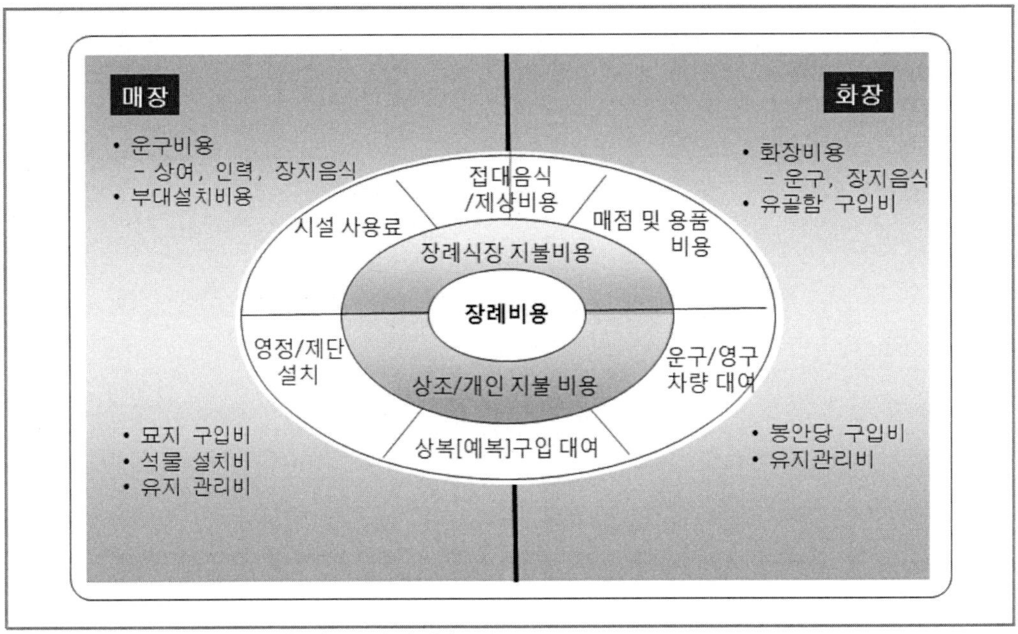

그림 2-14 ▶ 지불 방법에 따른 장례비용 분류

3.2.5 장례 용품 안내

장례식에 사용되는 장례용품에는 사용 범위, 시기 및 사용자에 따라 반복 재사용품과 일시 사용품으로 분류되며 분향실 용품, 입관 용품, 상주 용품, 장지 등 기타 용품으로 구분될 수 있다.

장례용품에 대한 모든 설명을 장례준비에 따른 시간 관계상 충분한 설명이 사실상 어렵다. 유가족들이 관심을 가지는 수의와 관(棺)에 대한 설명을 유가족이 이해하고 선택할 수 있도록 충분히 설명한다.

특히, 관과 수의는 비교적 고가이기 때문에 유가족들이 가격과 품질에 대해 불신이 없도록 충분히 설명하고, 입관 전까지 가족이 결정하도록 유도한다.

일반적으로 관과 수의는 일반인들이 평소에 관심이 없다가 장례식에 임박해서 결정하고 선택하기 때문에 재질, 용도, 구성품 등에 관한 상세한 정보는 잘 모르고 있는 경우가 많고, 대부분 구입 하고자 하는 가격 수준에서 결정 하는 경우가 많다. 따라서 장례 상담자는 관이나 수의에 대한 재질, 원산지, 가격 등에 관하여 충분히 숙지하고 유가족의 질문에 응대할 수 있어야 한다.

장례방법에 따라서도 관과 수의의 선택이 달라지기 때문에 유가족에게 충분한 사전 설명을 하고난 다음 결정할 수 있도록 하고 그렇지 못하면 가격에 대한 불신을 초래할 수 있다.

표 2-4 ▶ 장례 용품

구분	용품
분향실 용품	교의, 위폐, 혼백, 예단(폐백), 조의록(방명록), 양초, 향, 액자 리본, 사진틀(액자), 헌화용구 ※ 불교/기독교/천주교 등 종교 : 성경책, 십자가, 불경 등
입관 용품	수의(매장용/화장용)
	관(관장용/탈관용/화장용)
	공통용품 : 수시포, 알코올, 탈지면, 보공, 관보, 비닐, 명정, 결관보, 창호지(한지, 염지) 등 선택용품 : 습신, 공포
상주 용품	전통상복 : 남 - 굴건제복, / 여 - 대수장대(치마) : 용품 - 두건, 행전, 상장, 수질, 요질
	현대상복 : 남 - 검정색 정장(희색 Y셔츠,검정 넥타이 / 여 - 흰색(검은색) 치마저고리 : 용품 - 완장, 상장리본
운구 용품	선도차 리본, 흰색장갑, 매장베, 꽃상여
매장/화장용품	유골함, 유골함보, 횡대, 잔디, 생석회
기타 용품	조화, 종교별 용품

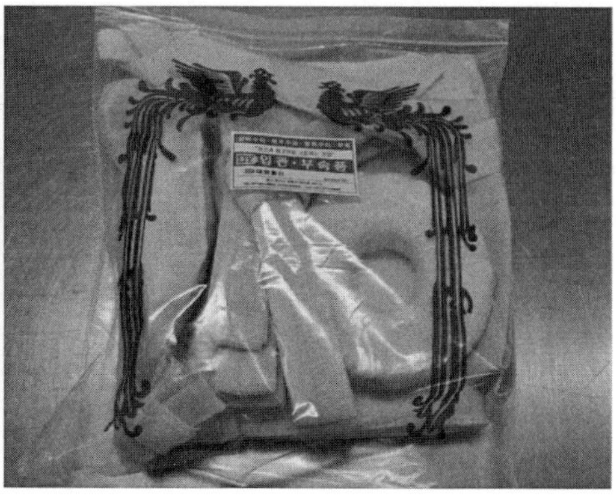

그림 2-15 ▶ 장례용품(좌 : 상담실에 전시된 용품, 우 : 제품화된 입관용품)

관(棺)은 고인을 마지막으로 모시는 공간으로 유가족들은 선택에 많은 신경을 쓴다. 우리나라에서 일반적으로 사용되고 있는 관의 크기는 회사에 따라 약간의 차이는 있지만 평균 외형상 길이는 1950 mm, 넓이 510 mm, 높이 410 mm이며 두께는 10~50 mm까지 다양하다.

유가족들은 관의 규격을 잘 모르기 때문에 상담자는 고인의 체형을 확인하여 사망자의 체구에 맞게 보통관과 특관을 설명하고 결정하도록 한다.

따라서 화장용과 매장용(매장, 탈관)으로 크게 분류되며 규격에 따라서 두께나 1단, 2단 등에 따라서 구분된다.

관의 재질이 나무인 경우에는 오동나무, 소나무, 향나무 등이 대표적이며, 최근에는 종이를 비롯한 다양한 소재의 관들이 개발되고 있다. 관의 가격과 선택 결정은 규격, 재질 등에 따라 달라지고 화장용 및 매장시 탈관을 하는 경우 얇은 관을 사용하고, 관 매장하는 경우 두꺼운 관을 사용할 수 있도록 권장하고 최종 결정은 유가족들이 할 수 있도록 한다.

그림 2-16 ▶ 장례식장에 전시된 다양한 관

표 2-5 ▶ 우리나라 관(棺)의 일반적 분류

구분	용도	재질	단(문양)	판재	옹이
성인용 – 보통관 – 특관 어린이용 – 영유아	매장용 화장용	종이 오동나무 소나무 향나무 기타	층단 : 1, 2, 3단, 외부문양 유/무	집성판, 유못/무못	무절 유절

수의는 고인이 마지막으로 입는 옷으로 장례에 있어 수의 선택은 중요한 부분이다. 예로부터 수의를 미리 마련해 두면 장수한다는 민간 전설이 있어 윤달이 있는 해에 개인적으로 마련해 두는 경우가 많다. 따라서 미리 준비한 경우 입관 00분전 까지 가져올 것을 설명하고, 집에서 미리 수의를 마련하지 않았다면 장법에 맞게 수의를 선택할 수 있도록 설명한다.

수의 또한 매장 또는 화장에 따라 재질을 달리하고 있다. 수의를 만드는 재질로는 일반적으로 삼베와 비단을 많이 이용하고 있으나 최근에는 화장(火葬)이 꾸준히 증가하면서 인조 삼베로 만든 화장용 수의를 대체할 목적으로 한지 등을 이용한 수의 개발이 늘어나고 있다.

수의 가격은 재질의 종류에 따라서 가격 차이가 심하기 때문에 유가족에게 충분한 설명이 있어야 한다. 특히 삼베의 경우 재질(대마/아마/저마), 제직방식(기계직/수제직)에서 수입산과 국산간의 가격 차이가 수 십배 차이가 있기 때문에 소비자들은 수의를 선택하고자 할 때 정보가 없기 때문에 충분한 설명이 필요하다.

표 2-6 ▶ 우리나라 수의의 일반적 분류

용도	소재	직조방법(규격)	생산지	비고
매장용 화장용	종이 폴리에스테르 면 인견(비단) 삼베 [아마/저마/대마]	기계직(수) 수제직(세)	수입산(중국) 국산(지역명) –안동포 –보성포 –순창포 등	남자용 여자용

일반인들이 생각하는 수의는 한 벌의 옷으로 생각하지만 장례실무에서 수의 구성은 수 십종류로 이루어져 있고 남녀에 따라 수의 구성품을 달리하고 있다. 따라서 일반사람들은 수의 구성품을 잘 모르기 때문에 단순한 옷 한 벌의 가격으로 생각하여 비싼 가격으로 인식하는 경우가 많다.

시판되고 있는 대부분의 수의 원단은 수입산(일부품목 제외)인 경우가 많고, 국내에서 봉제한 제품이 대부분이기 때문에 제품에는 품질 표시서 및 품질 보증서를 첨부된 것을 선택하는 것이 올바르며, 품질 표시서에는 수의 상품명, 성분, 직조방법, 원사생산국, 원단생산지(생산업체 및 지명) 등이 기재되어야 하고 봉제 및 제조원은 시·군구 까지 기재된 것을 소비자에 권장하도록 한다.

현재 일반적으로 사용되고 있는 수의의 구성은 남자 수의는 겉저고리, 겉바지, 천금, 지금, 대대, 허리끈, 악수, 대님, 버선 등 총 18종 이상으로 구성되며, 여자 수의는 원삼(두루마기) 겉저고리, 속저고리, 겉치마, 속치마, 겉바지, 속바지, 버선 등 총 17종 이상으로 구성되어 있다.

표 2-7 ▶ 수의 구성품

분 류	구성품
남자용	도포, 두루마기, 겉저고리, 속저고리, 겉바지, 속바지, 대대(도포띠), 허리끈(바지끈) 대님,
여자용	원삼(두루마기), 겉저고리, 속저고리, 겉치마, 속치마, 겉바지, 속바지(고쟁이), 대대(원삼띠),
공 통	버선, 오낭, 베개, 면모, 악수, 천금, 지금, 장메, 복건(고깔), 멧베

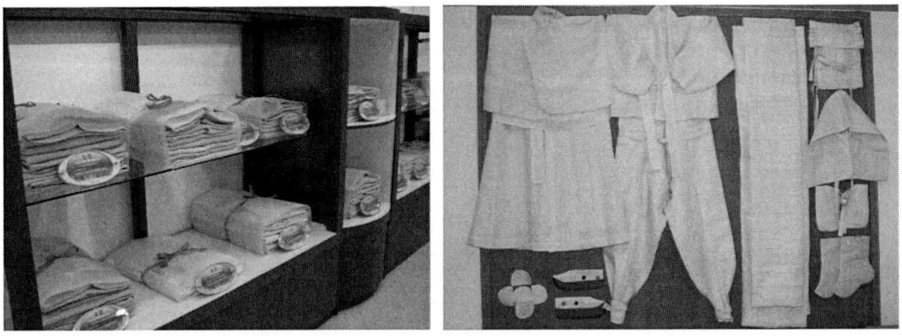

그림 2-17 ▶ 상담실 내 판매용 수의와 구성품 모형

장례식에 사용되는 기타 장례용품은 장례 상담 과정에서 용품의 명칭과 상세한 사용 방법 및 구입 절차에 대한 설명 보다는 사용처에 따라 설명하는 것이 바람직하다.

분향실 용품의 경우 분향실을 설치할 때 구성품의 종류와 사용량 및 방법을 설명한다.

입관 용품은 입관 시 고인과 작업자가 주로 사용하는 용품으로 유가족이 사용하는 경우는 거의 없기 때문에 종류와 사용 수량은 유가족들에게 먼저 이야기 하는 것이 바람직하다.

상주용품은 장례 시작과 함께 유가족들이 직접 사용하는 용품으로 사용용도, 방법, 수량을 정확히 파악하고 필요 요구에 따라서는 항상 제공할 수 있어야 한다.

기타 용품으로는 발인 및 운구할 때, 매장 또는 화장 방법에 따라서 품목이 달라지기 때문에 매점 이용 물품과 혼재될 수 있다. 따라서 충분한 량을 준비하고 이용자의 요구에 따라 제공할 수 있도록 하여야한다.

3.2.6 제의례 절차 및 제상 준비 안내

장례절차에 있어 가장 중요한 부분 중에 하나가 제의례이다. 제의례는 장례절차 과정별 행하여지는 의식으로 여러 종류로 나눌 수 있다.

고인이나 유가족의 종교에 따라서 제의례가 달라지기 때문에 가장 먼저 제상 준비 유무를 확인하여야 한다. 제상을 차리는 경우, 횟수 및 종류를 달리하기 때문에 유족에게 절차별 제의례의 종류를 설명하고 준비하도록 한다.

기독교를 제외한 대부분의 장례식에서 분향소(빈소)를 설치하면 가장 먼저 기본상(주과포, 술)을 제단 앞에 설치함을 설명한다. 또한, 장례절차에 따라서 성복제(입관 후에 드리는 첫 제사), 출상전 발인제, 성분제(장지에서 올리는 제사), 위령제, 노제·산신제 등 제의례를 설명하고, 유가족들이 절차에 따른 제의례를 선택하게 하고 시행에 따른 제상 준비(수량 및 가격)를 결정하도록 한다.

장례기간 중에 준비하는 제상은 가족들이 준비하기 어렵기 때문에 현재 대부분의 장례식장에서는 제상의 가격에 따라 상차림 항목을 가감하여 구성해 놓고 이용자에게 제공하고 있어, 가격에 따라 유가족이 선택할 수 있도록 하고 있다.

장례식장을 벗어난 장지(묘지, 봉안당 등)에서 제의례를 행할 경우 제물을 준비하여 포장해 드림을 설명하고, 해당지역(예, 시립 봉안당 등)에서 제사를 지낼 수 있는지 설명한다.

제의례 뿐만 아니라 장례기간에는 생전의 식사 시간과 같은 의미로 식사시간에 맞추어 고인에 올리는 상식(고인에 드리는 식사)에 대하여 설명하고 준비하도록 한다. 이때 상식의 의미와 회수(종류)로는 입관 전, 출상 전에 2번이 일반적으로 하지만 가족이 원하는 데로 상식을 올릴 수 있도록 한다. 일반적으로 상식을 구성하는 항목에는 밥, 국, 나물 3종, 조기로 구성하며 1회 비용과 함께 상식에 대한 가족의 결정과 주문에 따라 변동 사항 있으면 도우미에 연락해서 수정 보완할 수 있음을 설명 한다.

음식과 관련하여 좀 더 상세 상담은 빈소를 설치한 다음 가족의 필요와 요구에 따라 추후 진행 하도록 한다.

그림 2-18 ▶ 빈소의 제의례 설치 제물 (좌 : 전통 장례식, 우 : 현대 장례식)

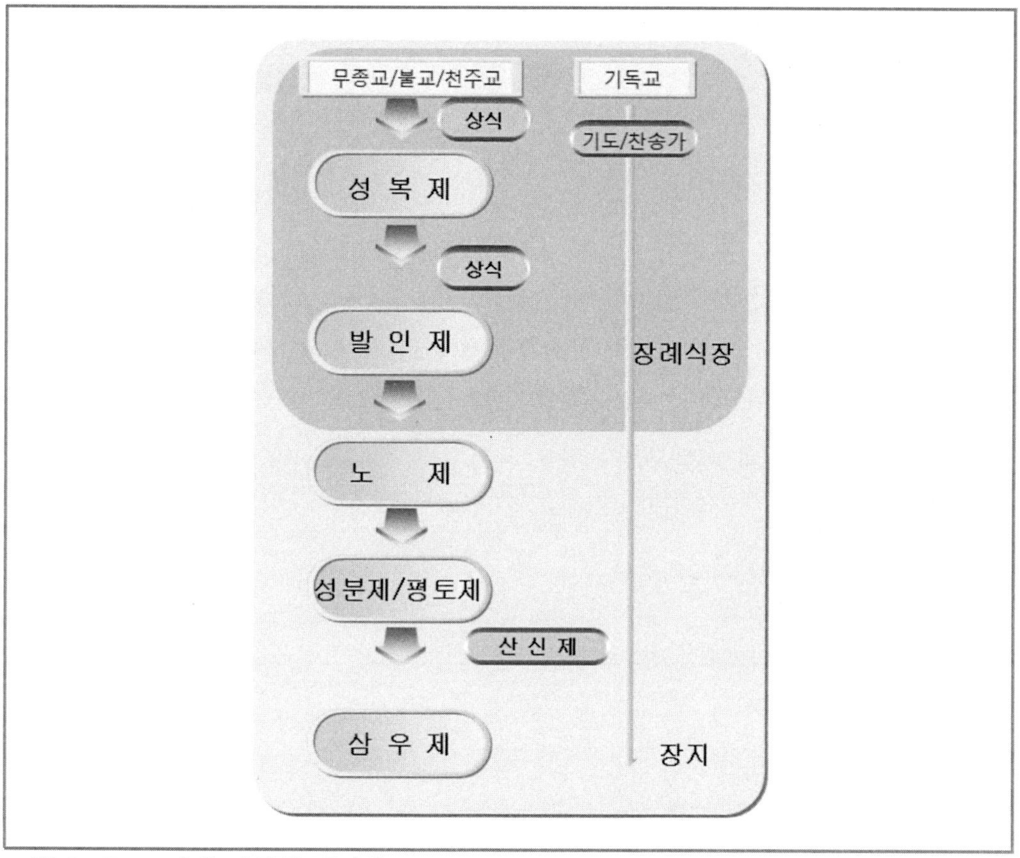

그림 2-19 ▶ 장례 절차별 제의례

3.2.7 식당 음식주문 및 도우미 안내

장례식장에서 제공되는 음식은 제사음식, 유가족이 먹을 음식 및 조문객에 접대할 음식으로 구분되며 이러한 음식들은 여자 상주에 의해 항목과 양이 결정되는 경우가 많다.

장례식장에서는 제공될 수 있는 음식의 항목을 설명하고 유가족이 필요로 하는 음식의 종류와 양을 주문받아 자체 식당에서 조리하여 제공되는 경우가 많다.

식당에서 출납되는 음식류는 식사류, 안주류, 밑반찬, 떡류, 과일 등 접대 품목과 제사상 품목으로 나뉘며, 조리에 소요되는 시간을 감안하여 음식 주문 후 입실 시간을 설명한다.

음식 상담은 주문의 기준 단위량(예, 50인분 기준, kg 등)과 음식의 종류 및 선택을 할 수 있도록 설명한다. 제공되는 음식은 유가족이나 친척들에 의해 손님들에게 접대하는 것이 일반적이었으나 최근에는 각 분향실에 도우미를 배치하여 관리하는 경우가 많고 음식을 바꾸거나, 부족한 음식들이 있으면 도우미들이 사전 확인 후에 유가족(상주)과 협의를 한 다음 도우미가 주문 요청할 수 있도록 설명한다.

일부 음식(예, 떡)은 외부 반입이 이루어지고 장기 보관이 어려운 경우 미리 많은 량을 준비해 놓으면 변질이 되기 때문에 조문객(손님)의 수를 감안하여 주문할 수 있도록 하고, 상주가 선택하도록 안내한다.

또한 장지에서 필요한 제물, 식사 등도 제공할 수 있음을 사전 안내하고 음식물에 의한 사고(불량식품, 식중독) 및 화재예방을 위해 외부에서 음식물 반입과 조리 행위를 금지하고 있는 사실을 설명한다.

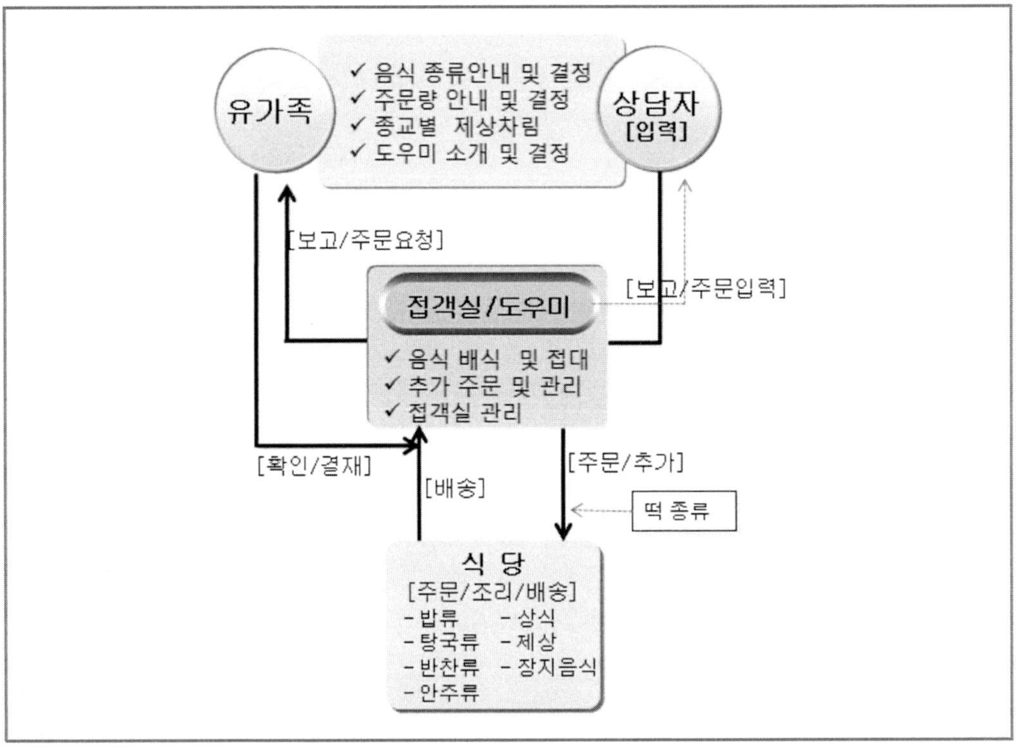

그림 2-30 ▶ 장례음식 주문 및 업무 처리 흐름도

표 2-8 ▶ 일반적인 장례식장내 식당 음식취급 품목

구 분	종류	주문단위
밥 류	흰밥, 잡곡밥 등	kg
탕 류	육개장, 사골우거지탕, 콩나물국, 홍어탕, 된장국, 북어해장국, 동태찌개 등	kg
반찬류	배추김치, 열무김치, 배추겉절이, 고추장/쌈장, 새우젓, 생야채(오이+고추), 홍어회무침, 오징어무침, 도라지무침, 오이무침, 멸치고추볶음, 야채샐러드, 구이김, 계절나물, 해파리냉채, 조개젓, 오징어젓 등	kg
안주류	돼지수육, 소수육, 모듬전, 소불고기, 북어찜, 낙지볶음, 오징어채, 땅콩, 바나나칩, 커피땅콩, 아몬드, 무화과, 편강, 깨강정 등	kg
떡 류	절편, 송편, 시루떡(콩), 귀주떡, 인절미(콩), 인절미(계피), 인절미(흑임자), 약식	상자($\frac{1}{2}$말)
제사상	상식, 전1종(주과포), 전2종(주과포) 성복제, 발인제, 위령제, 노제·산신제	회, 수량

조문객 접대를 위하여 주방이나 접객실에서 업무를 수행할 도우미의 필요성과 가족 또는 친지 가운데 도우미 업무를 수행할 인원을 확인하여 없거나 부족한 경우 도우미 신청을 할 수 있도록 안내한다.

접객실의 도우미 선정은 유족과 상의한 다음 인원을 적절히 배정하고, 업무량에 따라 인원을 증감 할 수 있고, 조문객이 많고 늦게까지 손님을 접대 하여야할 경우 근무시간을 초과 할 수 있으며 그에 따른 비용 산정과 도우미의 인건비는 유가족이 지불하는 것을 설명한다.

도우미에 대한 인건비는 도우미의 근무시간, 시간당 인건비, 기본 업무시간 및 비용, 장지 동행 여부와 인건비 등에 대한 항목으로 구성 되어 있음을 안내한다.

도우미의 업무는 주문한 음식을 차트작성 하고, 주방에 주문을 하며, 주문사항을 사무실에서 내용을 입력할 수 있도록 하고 주문양과 금액을 가족들에게 확인할 수 있도록 한다.

도우미 관리 측면에서 해당 도우미가 유가족에 불편사항(불친절, 잡담, 상주험담 등) 있으면 사무실로 연락 후 교체할 수 있음을 설명한다.

3.2.8 영정사진 및 제단장식 안내

영정사진은 전통 장례에서는 없었던 것으로 고인의 위패(신위)를 대신할 수 있는 것으로 사진기술이 발달하면서 등장하게 되었다.

최근에는 장례에 대한 준비 의식 수준이 많이 변화하면서 영정 사진을 미리 마련해 두는 경우가 많아 장례식에서 설치가 어렵지 않으며, 시골에서는 어른들이 생전에 미리 준비해 둔 초상화를 영정사진으로 대신하는 경우도 있다.

영정사진은 고인에 대한 생전의 좋은 기억을 되새길 수 있도록 가능하면 고인의 밝은 표정이 담긴 사진을 선택하도록 설명하고 준비하도록 한다.

사망자가 발생되면 운구와 함께 가족들에게 장례식에 사용할 영정사진 준비를 가장 먼저 확인한다. 영정사진 준비 유무를 확인하고, 없는 경우 선명한 사진이 있으면 협력업체에서 제작할 수 있음을 설명한다. 미리 만들어 놓은 영정 사진이 없는 경우 고인의 최근 반명함판 사진이나 전면사진으로 선명한 사진을 준비할 수 있도록 가족에게 요구한다.

일반적으로 영정사진은 흑백 또는 칼라로 제작되며 크기는 일반적으로 8"×10", 11"×14", 16"×20" 크기로 하는 경우가 많다.

사진을 포함한 액자의 크기를 설명하고 장지에서 영정사진 운구 등을 감안하여 가족들로 하여금 크기를 선택하도록 한다.

빈소설치와 함께 가장 먼저 영정사진이 필요하게 되므로 제작 소요시간, 사진 주변의 꽃장식 및 가격을 함께 설명한다.

영정사진은 장례식에서 고인의 명복을 기리는 엄숙함의 상징으로 검정색 나무액자를 일반적으로 사용하고 성복 후에는 사진 상부 테두리에 역V자로 검정색 리본을 설치하는 것이 일반적인 관례이다. 또한 영정사진 옆에는 고인이 평소에 아끼던 간단한 유품이나 종교서적, 훈장 등을 함께 놓을 수 있다.

최근에는 장례식에 추모앨범, 장례비디오, 디지털 동영상 서비스를 제공하거나 유가족이 원하는 경우도 있어 사전 안내가 필요하다.

그림 2-31 ▸ 제단과 영정사진 설치 사례

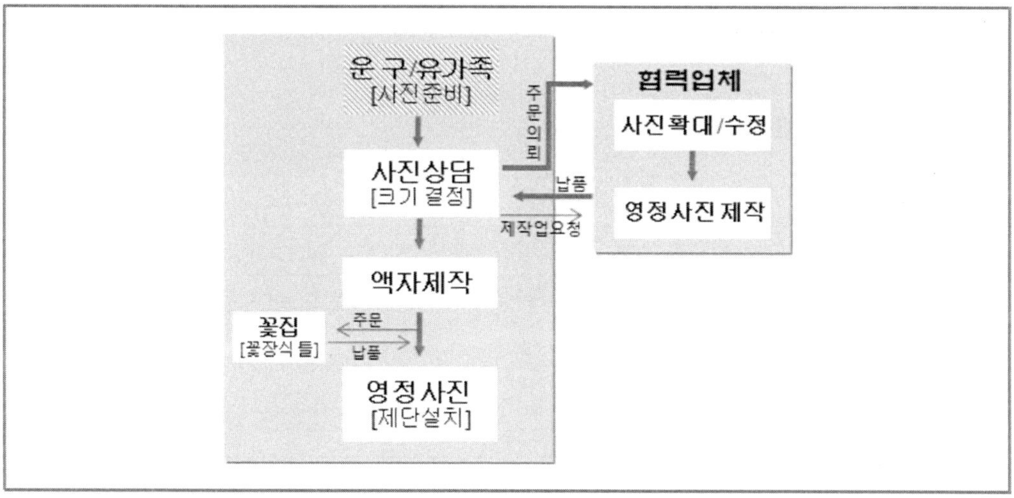

그림 2-32 ▸ 영정사진 제작 및 업무 흐름도

분향실(빈소) 설치에서 가장 눈에 띄는 부분이 제단장식이다. 제단장식과 함께 영정 사진이 설치된 분향실(빈소)은 장례식에 찾아온 조문객으로부터 조문을 받는 장소이다.

제단을 장식하게 될 꽃장식은 전체적으로 설명이 어렵기 때문에 일반적으로 장례식장에서는 꽃집에서 미리 만들어 사진촬영 해놓은 앨범을 이용하여 유가족이 가격과 디자인에 따라 선택할 수 있도록 설명하고 있다.

유가족들이 제단장식을 선택 할 수 있도록 가장 저렴한 것부터 디자인과 꽃의 종류 및 수에 따라 가격이 올라감을 설명하고 가족과 상의해서 선택할 수 있도록 한다.

최근에는 입체적인 꽃제단 장식이 도입되고 고인을 추모하고 특징을 살리기 위한 제단장식들이 증가하고 있다.

종교에 따라서는 헌화용으로 흰 국화를 사용하는 경우가 많으며 이때 사용할 량은 미리 많이 주문하지 말고, 예상 조문객의 수를 감안하여 적당한 수량을 준비하여 교체하도록 설명한다.

일반적으로 장례식에 사용되는 조화(弔花)의 재료는 대부분 생화를 이용하는 경우가 많고 설치장소, 종류 및 목적에 따라 헌화용, 영정사진 주변장식, 근조바구니, 관장식, 장의차량 장식 등 여러 종류로 나누어진다.

표 2-9 ▶ 장례식에 사용되는 일반적인 조화(弔花)의 형태

종 류	설치형태	목적 및 용도
헌화용	1송이	조문시 고인(故人)에게 한 송이씩 바치는 꽃
영정사진 꽃장식	4각 테두리 형태	영정사진 테두리액자를 꽃으로 장식하는 것
근조바구니	바구니 형태	제단의 양쪽에 꽃바구니로 장식하는 것
제단장식	조립 설치식, 여러 다양한 유형	제단을 꽃으로 씌워 장식하는 것
꽃관장식	상단/전체	관위 또는 내부에 꽃으로 덮는 장식
장의차량장식	선도차, 케딜락	장의차량 전면에 설치하는 꽃장식
스탠드식조화	2,3단	조문용, 분향소입구 또는 빈소의 좌우로 세워 두는 꽃장식

그림 2-33 ▶ 장례식에 사용되는 조화(좌: 스텐드식 조화, 중: 근조바구니, 우: 헌화용 국화)

3.2.9 상복(예복) 안내

상복(喪服)은 장례기간 동안 유가족이나 근친들이 일정기간 동안 착복하는 옷을 말한다. 전통 장례에서는 죽은 사람과의 복친 범위에 따라서 착용하는 상복의 종류도 달리하였다. 그러나 요즈음 현대 장례식에서는 전통장례식에서 착용했던 굴건제복(남자 상복)이나 대수장대(여자 상복)를 입는 경우는 거의 없어지거나 다소 개량된 두루마기 상복을 입는 경우가 있으며, 최근에는 남자는 양복정장과 여자는 검정색 치마저고리를 입는 경우가 점차 많아지고 있다.

"상복"이라는 용어도 변형 되면서 의례에 입는 "예복" 이라는 명칭으로 변경되고 있는 실정이다.

장례에서 상복을 갖추어 입는 시기는 입관을 기준으로 입관 전에는 완전히 갖추어 입지 않고 입관 후에 완전한 상복을 착복 하였으나, 현대 장례에서는 장례식 시작과 더불어 정장 형태의 양복을 갖추어 입는 경우 많아지고 있다.

전통식 상복의 경우 남자 상주는 흰색 두루마기를 많이 입고 복장 형태는 고인이 남자인 경우는 왼쪽 팔, 여자인 경우 오른쪽 팔을 끼지 않은 상태에서 입관 후에 바르게 고쳐 입었으며, 여자의 경우는 평상복 차림에서 입관 후 상복을 갖추어 입었다.

그림 2-34 ▸ 전통 장례식에서 남녀 상복 사례

현대식 상복은 남자의 경우 검은색 양복, Y셔츠 및 검은 넥타이를 착복하는 것이 기본화 되어 버렸고, 상주 표시는 완장이나 가슴리본 부착을 통해 구별하고 있고, 여자의 경우는 흰색 또는 검은색 개량 한복을 주로 착용하고 있다.

상복(예복) 상담은 대여와 판매용이 있음을 설명하고, 가족과 상의하여 남녀 인원 및 선호도를 고려하여 종류와 수량을 결정하도록 한다.

그림 2-35 ▸ 현대 남녀 상복

두루막을 원하는 경우는 재사용이 불가능 하므로 구매가 원칙이며, 사용 후 유가족이 폐기하도록 설명한다. 두루막을 입는 경우 바지저고리를 함께 착용하며, 행전, 두건을 함께 구입 사용하도록 한다.

여자의 경우 일반적인 치마저고리 형태의 상복은 검정색과 흰색이 있으며, 남자 상복과 맞추어 선택하도록 하고, 이 경우 역시 구매를 원칙으로 하며 상복의 크기와 구매 가격을 설명한다.

상복으로 양복을 선택하는 경우 판매용도 있지만 대부분 대여가 일반적이며, 착복자의 체형에 따라서 키, 허리 사이즈, 셔츠의 크기를 결정 할 수 있도록 설명한다.

남자의 경우 양복을 입고서 전통 상복에서 착용하던 두건 및 행전을 하는 경우가 가끔 있는데 두건 및 행전의 의미와 올바른 착용법을 설명하고 만약 가족이 원하는 경우만 제공하도록 한다.

여자의 경우 개량한복을 원하는 경우는 판매용도 있지만 대부분 남자와 같이 장례가 끝나면 반납하는 사례가 많다.

가끔 유가족의 질문 사항으로 여자 상복의 경우 어떤 색깔(흰색, 검정)을 입어야할지 문의하는 경우 종교가 있는 경우는 검정색, 특정 종교가 없는 경우에는 흰색을 선호함을 설명하고 유가족들이 상의 하여 결정하도록 한다.

특히, 정장이나 개량한복의 경우에는 자체 장례식장에서 대여하는 경우도 있지만 외부 협력업체에서 공급하는 경우도 많기 때문에 신속한 연락을 통해 예복을 준비하도록 안내한다. 상복을 대여하는 경우는 반납 일자는 대여기간(탈상, 삼우제)을 감안하여 결정하도록 설명한다. 상복 반납은 탈상(삼우제)을 마치고 모아 두었다가 해당 장례식장이나 또는 자택을 방문 수거하는 방법과, 여건에 따라서는 해당 업체로 배달할 수 있음을 설명한다.

3.2.10 장의 차량 안내 및 관리

장례식에 사용되는 차량은 고인을 장지로 운구하는 운구용과 유족 및 친지를 장지로 모시는 차량, 가족 차량을 이용해 혼백과 영정사진을 모시고 장지로 향하는 선도 차량으로 구분할 수 있다. 최근에는 케딜락을 이용하여 고인운구와 영정사진을 함께 모시는 경우도 있어 별도의 선도차량을 하지 않는 경우도 있다.

따라서 장례 상담에서 장의 차량을 바로 결정해도 되지만 일반적으로는 유족과 상의하여 가족이나 친지들이 장지에 참석하는 인원, 운구의 품위 등을 감안하여 버스의 크기(25, 35, 45인승), 운구차(일반형, 캐딜락)의 종류를 결정하고 차량의 운행 범위와 일정은 가족의 동의를 구해서 최종 결정하도록 한다.

그림 2-36 ▶ 장의 차량-운구용 케딜락, 버스(대형, 소형)

장의 차량에 대한 상담내용으로는 차량의 종류, 크기, 거리에 따라 금액의 차이가 발생되고, 운행범위는 화장장 또는 봉안당까지를 구분하며, 리무진의 경우 봉안당까지 운행하는 경우 추가비용이 발생됨을 가족들에게 설명하여야한다.

운구 요금의 산정 기준은 장례식장에서 장지까지의 왕복요금을 산정한 것이며, 별도의 경유지를 추가 운행할 경우 거리에 따라 요금이 추가되며, 유료도로 통행료, 주차료, 도선료 등은 상주께서 별도로 부담해야 하는 내용을 유가족이 이해할 수 있도록 충분히 설명한다.

가족들 가운데 선도차량을 운행하고자 할 때 차량의 종류를 선택할 수 있도록 하고, 운전은 유가족 가운데 운행에 따른 지리가 밝은 사람이 하도록 한다.

선도차량에 운구 리본을 설치할 때는 종교를 확인하고 설치할 수 있어야 하며, 설치가 어려운 경우 협력업체 버스기사 등에게 협조를 요청하도록 한다.

그림 2-37 ▶ 발인용 선도차량

가끔 가족들 질문 가운데 고인 운구시 케딜락을 꼭 사용하여야 하는지, 선도차량은 꼭해야 하는지, 하면 어떻게 하는지에 대한 질문이 있을 수 있으며 이는 가족이 선택할 수 있도록 하고 비용적인 측면을 함께 설명한다.

관리 측면에서 장의차량을 이용하는 유족들로부터 금품을 요구하거나, 불친절하거나 부도덕한 행위를 하지 못하도록 협력업체를 철저히 관리하여야 한다.

장의차량을 배차하는 경우 해당 장의차량은 장례식장 발인장에 발인시간 1시간 전에 도착하여 모든 운행준비를 완료할 수 있도록 지도하여야 한다. 또한 직원은 배차 상담 내용에 대해서 빠짐없이 정확히 기재하며, 제차 확인이 필요하다. 간혹 배차 내용이 변경 된 경우가 있으면, 확인하여 변경 할 수 있도록 하고 재차 확인한다.

3.2.11 주차 및 전화 설치 안내

장례식장에서 장례식을 치루는 상주는 3일 동안 장례식장에 머물러야 하고 때로는 사무적인 일로 집이나 사무실 또는 장지 등을 오고갈 기회가 많고 차량이용과 주차문제가 많이 발생된다. 따라서 주차로 인한 또다른 비용 발생이 되지 않도록 장례계약서 작성과 함께 장례식장 주차장 이용을 위한 주차증 발급이 필수적이다.

병원 장례식장과 같이 주차장이 복잡하고 이용에 따른 비용이 발생되는 장례식장인 경우 무료주차 이용과 관련하여 상주의 차량등록을 하여한다. 주차증(무료)은 상가 당 보통 3~5대 정도로 하는 경우가 많고, 가족 수가 많은 경우에는 특별히 추가 발급이 가능한 경우도 많다.

분향소를 방문하는 조문객들의 주차요금은 장례식장에 따라 차이는 있지만 많은 장례식장은 0시간까지 무료임을 설명하고, 확인은 도장날인 또는 증표를 이용하는 방법을 설명한다. 대형 주차장이 마련된 전문 장례식장의 경우에는 별도의 주차 관리를 하지 않는 경우도 있다.

국민의 대다수가 개인 휴대폰을 지참하고 있지만 경우에 따라서는 분향소(빈소)와의 업무 연락이 필요한 경우가 있어 장례식장 내 분향소(빈소)에는 개별 전화기가 설치된다.

분향실에는 수신용 전화가 설치되어 있는 경우가 대부분이지만 발신용 전화가 필요한 경우를 확인하고 유가족이 요청하게 되면 단기전화 신청을 하여야 한다. 가입을 희망하는 상가는 가입자 성명과 가입자 집 전화번호, 가입자 주민번호가 필요하다. 가입시 가입비와 별도의 부가세가 청구(가입번호로)되고 발생되는 등록비용(예, 8000원)과 사용 요금에 대한 정산 방법으로 해당 유가족 가정 전화번호에 합산됨을 설명한다.

그림 2-38 ▶ 분향소 입구에 설치된 전화기

3.2.12 행정서류 발급 준비안내

장례는 한 사람의 사회적 법적 사망 절차가 뒤따르게 된다. 사망자를 처리하는 과정에는 여러 단계의 절차와 시설 및 행정 기관을 이용하게 되고 그에 따른 신청 서류가 첨부 제출되고 처리 후에는 확인 서류가 발급된다. 종류로는 사망진단서, 사체검안서, 사망확인서, 검사지휘서 등이 있다.

사망자가 발생되면 가장 먼저 확인과 그에 따는 사망확인서가 발급된다. 사망 확인은 법적으로 의사에 의해 이루어지며, 확인 서류는 사망진단서 혹은 사체 검안서가 해당 의사로부터 발급된다.

의료법 제17조에 의하면 사망자 확인 서류는 의료업에 종사하고 직접 진찰하거나 검안(檢案)한 의사, 치과의사, 한의사가 아니면 진단서 · 검안서 · 증명서 등을 작성하여 환자(환자가 사망한 경우에는 배우자, 직계존비속 또는 배우자의 직계존속을 말한다) 또는 검시(檢屍)를 하는 지방검찰청검사(검안서)에게 교부하거나 발송하지 못하도록 되어있다.

이러한 사망관련 서류들은 장례절차 과정에서는 화장 또는 매장을 할 때 해당 시설에 제출하여야할 서류이며, 그 밖에 행정기관에 사망신고, 보험청구 등 용도에 따라 사망확인서 사용 용도가 많음을 주지시키고 가족들로 하여금 준비하도록 안내한다.

사망진단서는 의사에 의한 진료(치료) 도중에 사망한 경우 발급되며, 사체검안서는 사망 후 의사에 의한 검시 후 발급되는 사망확인 서류이다.

사인이 노환이나 자연사로 병원의사의 시체검안서 발급이 어려운 경우 해당 읍· 면 · 동장이 발급하는 사망확인서를 발급할 수 있다.

이러한 서류 준비는 장례식장 직원이 할 수 없으며 사망자의 배우자, 직계존비속 등 가족들로 하여금 발급 받을 수 있도록 설명한다.

사고 등 외인사인 경우 관련자들을 대상으로 경찰조서를 작성하고 검사 지휘에 따라 사망원인을 먼저 확인한 다음 장례식을 하게 된다. 이러한 사고사나 사망원인이 불명확한 경우는 사인에 대한 명확한 원인 규명과 사건조사를 위해 검사의 지휘에 따라 절차가 진행하게 되며 의학적인 사인을 규명하기 위하여 대부분 국립과학수사연구소로 이송하여 부검을 실시하게 된다.

이러한 검시 및 감식(부검)이 완료되면 검사에 의해 검사지휘서가 발부되면 시신을 가족에게 인도하여 가족들은 장례식장 등과 상의하여 장례를 치르게 된다.

사망진단서의 경우 해당 의료기관에서 사망한 경우 병원 00장소 또는 원무과에서 발급되며 사후 행정처리(각종 신고, 보험금 수령 등)에 따라 소요량을 감안하여 여유 있게 발급하도록 권유하고 발급비용을 설명한다.

주의할 점은 사망자의 주민등록증과 사망진단서의 주민등록번호가 일치하여야 하고, 주민자치센터(사망 신고시), 화장장 등에서는 원본을 요구하기 때문에 가족들에게 준비하도록 설명한다.

사체검안서는 외부에 사망하여 응급실이나 장례식장에 도착한 경우 발급되며 사망진단서와 동일한 것으로 장례식장 또는 의료기관에 따라서 외부 의사에 의해 발급되는 경우 발급비용이 사망진단서 보다 많을 수 있다.

화장장 및 매장지에서 요구하는 서류들로는 주민등록 등본과 사망진단서가 필요하며, 국가유공자인 경우에는 유공자증 및 등본, 수급자인 경우에는 등본은 필요하지 않고 수급자 증명서만 필요하다.

등본 발급은 자치단체의 화장장에 따라서 화장장에서 열람 가능한 경우도 있으며, 발급 가능한 서류와 가능하지 않은 서류를 함께 설명하고 화장장에 따라서 필요한 서류를 준비할 수 있도록 안내한다.

장례식장이 소속된 해당 의료기관에서 진료(치료) 과정에 사망하여 장례식장으로 이송된 경우에는 병원비 납부 안내를 할 수 있도록 원무과 등에서 퇴원수속창구에서 계산할 수 있도록 안내한다. 응급실에서 사망 또는 검안한 경우는 병원비가 있는지 응급원무과에 꼭 확인을 하도록 한다.

표 2-10 ▶ 사망자에 따른 장례관련 행정서류

사망자 구분	신고서류	서류발행처	비고
사산아 (※ 임신 20주 또는 500g이상)	사산증명서	의료기관 원무과	장례식장 / 화장장
	화장증명서	화장장	
신생아	출생증명서 사망진단서	의료기관 원무과	장례식장 / 화장장
	화장증명서 : 1부	화장장	
노환 및 병사	의료기관 입원 중 사망 : 병사 사망진단서	의료기관 원무과, 촉탁의사 개별 발행	
	응급실에서 사망 : 사망진단서 또는 사체검안서		• 응급실 도착 후 사망 ; 사망진단서 • 응급실 도착 전 사망 ; 사체검안서
	자택에서 사망(촉탁의사 또는 응급실에서 확인) : 사체검안서		
사고사	외인사, 기타 및 불상 - 사망진단서 또는 사체검안서 - 검시필증	의료기관 원무과, 관할 경찰서	• 경찰 조사를 위해 사망진단서 또는 사체검안서 발급 후 • 사고발생 지역의 관할 경찰서에 신고하여 심의 후 검시필증

3.3 부고(訃告) 안내

부고(訃告)는 집안에 가족이 돌아가셨을 때 호상이 상주를 대신하여 가까운 친척과 친지들에게 상이 났음을 알리는 글이다.

전통장례에서는 호상의 명의로 망인의 발병 사유 및 사망 일자만 알렸으나, 오늘날에는 유가족 사항, 영결식장, 발인일시, 장지까지 포함해서 표기하는 경우도 많다.

현대의 일반적인 부고 내용에는 사망자 관계, 사망원인, 사망시간 및 장소, 빈소, 발인 장소, 발인일시, 장지, 상주 및 상제 등 가족관계, 연락처 등을 기록하게 된다.

부고장은 백지에 붓글씨로 쓰고나 인쇄물로 하는 경우가 많았지만 지금은 대부분

핸드폰, SMS문자 등을 이용하는 방법과 신문을 이용하는 방법을 많이 이용한다.

부고를 알리는 방법으로 가까운 친척들이나 직장 동료들에게는 전화 또는 문자부고, 직접 사람이 전달하는 전인(專人)부고, 우편물을 이용하는 우편부고, 부고내용을 신문 광고를 통해 알리는 신문 부고, 인터넷 또는 휴대폰을 이용하는 On line부고 등으로 구분할 수 있다.

부고장에 기록되는 칭호는 남과 여, 직계존비속에 따라 다르게 적고 있다. 할아버지(祖父)인 경우 왕대인(王大人), 할머니(祖母)일 경우 왕대부인(王大夫人)으로 적는다. 아버지일 경우 대인(大人), 어머니일 경우 대부인(大夫人)으로 적는다. 아내일 경우 망실(亡室)로, 동생일 경우 망제(亡弟)로 쓰게 된다.

최근 휴대폰 이용자가 많아지고 장례식에서 부고를 휴대폰을 이용하는 방법이 일반화 되고 있다. 상(喪)이 발생되면 상주를 비롯해 부고를 알릴 유가족은 개인 휴대폰을 이용해 저장된 수신자들을 대상으로 장례식장에서 일괄 문자로 발송하는 경우가 많다.

최근 신문 부고인 경우에는 한자(漢字)를 병행하거나, 순수하게 한글로 표기 작성하는 경우가 많아지고 있고 표기 내용도 부고 개념이지만 회사장, 종교장 등에 따라서 공고(公告) 개념으로 알리는 경우가 많고, 점차 규칙과 통일성을 달리하는 경우가 많아지고 있다.

부고

본관 성명 공께서 ○년 ○월 ○일 ○시 노환으로 별세하셨기 이에 삼가 알려 드립니다.

미망인 ○○○
아들 ○○○
딸 ○○○
손자 ○○○
장일 ○년 ○월 ○일
영결식장
장지
○년 ○월 ○일
호상

訃告

某名大人 某貫某公某名 以宿患 ○年 ○月 ○日 午前 ○時 於 自宅別世 玆以訃告

發靷日時 ○年 ○月 ○日 ○時
發靷場所
永訣式
葬地

嗣子 ○○
○○
孫 ○○
兄
護喪 ○○○

3.4 정산방법 안내

대부분의 장례식장에서는 장례기간 동안 사용되는 모든 물품의 신청 및 출납은 전산처리를 통해 정산이 이루어진다. 따라서 장례기간동안 물품 거래는 반드시 사용자 확인과 함께 영수증을 발행하게 된다.

장례식장 이용에 따른 모든 비용 정산은 발인 당일 물품에 대한 출고 및 반납이 완료된 상태에서(발인시간 1시간 전쯤) 해당 분향소(빈소)의 이용 내역서를 출력하여 유족과 함께 확인한 뒤 최종 정산이 이루어지게 된다.

결재 시기는 최종 정산에 앞서 중간 정산이 가능함을 설명하고, 발인에 앞서 최종 정산이 이루어짐을 알리고 방법을 안내한다.

결재방법으로는 카드, 현금, 모두 가능하며, 카드로 계산 할 경우 도우미 인건비는 별도 현금 계산 되어야 하는 경우가 많다.

계산이 완료된 후 반품 또는 기타 사유로 인해 환불을 해야 하는 경우 환불사유를 정확히 확인한 후 그에 대한 금액을 별도로 유족에게 입금되도록 한다.

4. 분향실(빈소) 및 접객실 설치

4.1. 분향실(빈소) 설치

4.1.1 분향실(빈소) 선택과 설치

전통 장례에서 빈소(殯所)의 개념은 고인의 시신을 안치해 놓은 장소이지만 현대 장례식에서는 시신을 별도의 안치실에 분리하여 안치하기 때문에 빈소에 시신을 모시지 않고 있다.

분향소는 고인의 혼백, 위패 혹은 영정 사진을 모시고 조문객의 조문을 받는 장소이다. 따라서 현대 장례식장은 대부분 빈소의 개념 보다는 분향소의 개념에 가깝다.

대부분의 장례식장에서 운영 중인 분향실(빈소)은 고인의 영정을 모시고 장례기간 동안 찾아오는 조문객을 맞이하는 공간과, 유족대기실로 상주를 비롯한 가족들이 장례기간 동안 머무는 공간으로 구성되어 함께 운영하고 있는 경우가 많다.

이 공간에서 장례기간 동안 유가족은 숙식을 하여야 하고, 수 십 명에서 수 백 명의 조문객을 맞이해야 한다. 또한, 향을 피우고 촛불과 전등을 켜놓은 상태이기 때문에 실내 기온이 높고 탁한 공기로 말미암아 두통과 피곤함을 가속화 시키는 환경으로 공중 보건측면에서 관리가 필요한 공간이다.

장례기간동안 조문객을 맞이할 분향실을 선택하고 설치하기 위해서는 먼저 고인을 안치실에 안치한 다음 유가족의 일부를 모시고 먼저 분향실로 안내하여 직접 보고 선택할 수 있도록 한다.

고인과 유가족의 사회적 위치, 유가족의 수와 조문객의 수를 감안하여 가족들로 하여금 분향소를 결정하도록 한 다음 사무실로 모시고 장례 상담을 하게 된다. 장례 상담을 마치고 가족들을 상담시 결정한 분향실(빈소)로 안내해드린다. 분향실(빈소)로 안내하면서 분향실(빈소)이 설치되는 동안 가족들이 쉴 수 있게 유가족 대기실(가면실) 사용과 사용물품을 함께 설명해 드린다.

분향실 및 유족대기실에 사용될 물품으로 제단용품인 양초, 촛대, 혼백, 혼백틀, 폐백(예단), 영정리본, 위폐, 향, 향로, 제기 등과 조문객을 위한 방명록, 부의록(조위록), 필기구, 유가족이 사용하게 될 침구세트, 부의함 키, 리모컨을 준비한다.

장례지도사들은 초기 장례 상담이 완료되면 계약 상황에 따라 분향소를 설치한다. 설치는 기독교, 카톨릭 등 종교에 따라서 제단 설치 방법과 구성물이 달라지기 때문에 고인이나 가족이 평소 다녔던 종교 지도자의 지도를 받아 시설물을 설치하도록 한다.

그림 2-39 ▶ 장례식장 분향실(빈소) 설치 전과 후

일반적으로 종교가 없는 고인 또는 유가족인 경우에 제단 설치는 다음과 같이 진행 하게 된다.

먼저 제단에는 혼백과 혼백틀, 위폐 및 양초와 촛대 등을 설치하고, 제단 아래에는 향과 향로, 향을 피울 수 있는 성냥(라이타), 제기 등을 설치한다.

영정사진이 준비된 경우는 액자에 리본을 달아 제단에 설치를 해드린다. 단 영정사진이 준비되지 않은 경우에는 영정사진이 준비되는 대로 추후에 설치해 드린다.

일반적으로 영정 사진은 꽃제단 한 가운데 설치되며 사진 주위에는 꽃장식 테두리가 함께 설치되는 것이 일반적이기 때문에 상담시 결정한 제단을 협력업체 꽃집에서 분향실을 방문하여 설치하므로 소요 시간을 미리 설명하는 것이 좋다.

제단 설치가 완료 되면 장례지도사는 분향실에 설치된 비품 사용에 관하여 설명한다.

조문객들의 조의금과 방명록 작성을 위하여 미리 준비해 둔 방명록을 꺼내어 펴드리고 사용법을 설명한 다음 부의함 사용과 부의함 잠금장치를 확인하고 열쇠를 상주님께 드린다.

장례식장에 따라서는 금고가 설치되어 있는 경우가 있어 금고 사용과 관련하여 비밀번호 설정 및 유의사항을 설명한다.

설치된 원내전화, 수신전화, 발신전화 등 전화기 사용과 컴퓨터 사용에 대하여 설명한다. 분향실과 유족대기실의 냉난방시설 사용법과 사용에 대한 불편한 점이나 기타 해결방법들을 안내한다.

이용 안내 및 주의 사항은 시설에 설치된 각종 비품 파손에 유의하도록 안내한다.

장례식장의 분향실에는 많은 조의금이 전달되기 때문에 현금 및 귀중품 도난, 분실에 각별한 신경을 쓸 수 있도록 안내한다. 특히 입관을 위해 유가족이 분향실을 비우는 경우가 있기 때문에 이점을 유의할 수 있도록 가족들에게 안내한다.

그 밖에 식중독 및 위생 관련하여 외부 음식물의 반입이 이루어지지 않도록 하며, 제공되는 용품 이외의 일회용품 반입 및 사용을 하지 못하도록 안내한다.

4.1.2 유족대기실(가면실) 사용 안내

장례 기간 동안 모든 유가족은 분향소를 지키며 조문을 온 조문객을 맞이하고 손님을 접대하는 일을 함께 한다. 따라서 장례 기간 동안에는 자리를 비울 수 없고 숙식을 하여야 한다.

유가족들 중에는 남자 상주들은 대부분 손님을 맞이하는 일을 하지만, 나이 많은 노인들을 비롯해, 여자, 어린이들은 별도의 할 일은 없지만 이들도 함께 자리를 지키게 된다. 따라서 이들이 쉬고 머무르는 공간이 분향실 옆에 설치된 유족대기실(가면실)이다.

많은 장례식장에서는 유족대기실이 분향실과 인접하여 지하에 위치하는 경우가 많아 별도의 창문이 없는 공간으로 내부의 공기순환은 냉난방기에 의존하는 경우가 많다.

또한, 유가족들이 수면을 하여야 하기 때문에 침구를 비롯하여 의자, 금고, 전화기 및 컴퓨터 등이 갖추어진 경우가 많고, 생활에 따른 화장실, 세면실이 함께 갖추어진 경우가 많아 위생관리에 많은 신경을 써야한다. 따라서 장례지도사는 분향실 사용과 함께 유족대기실의 비품 및 사용, 관리 등을 유가족에게 안내하여 사용에 불편함이 없도록 한다.

그림 2-40 ▶ 장례식장내 분향실과 함께 설치된 유족대기실

4.2 접객실 설치 및 편의점 이용 안내

접객실은 조문 온 손님들을 접대하기 위한 공간으로 음식을 비롯한 여러 가지 생활 용품이 사용되는 곳이다.

접객실은 식당(주방)에서 조리된 음식을 배식하기 위해 식기 및 조리 기구를 비롯한 기구와 음료 등을 보관하는 냉장고, 발생되는 쓰레기 보관 등 여러 시설기구가 사용되는 공간이다. 따라서 보건 위생 및 관리가 철저히 이루어져야 할 곳이다.

그림 2-41 ▶ 장례식장 접객실과 음식 준비를 위한 주방

접객실 사용을 위해서는 먼저 매점 직원이 동행하여 매점 및 잡화용품 이용방법과 접객실 내 냉장고 물품 사용방법을 설명한다.

회사에서 지급되는 장례용품(초, 향, 부의록 등), 일회용품(밥그릇, 국그릇, 수저, 젓가락 등) 외부에서 반입 가능한 물품과 음식, 식수, 음료, 주류 등 식음료와 같은 반입 불가능한 물품을 설명한다.

음식물 관리는 가족들이 하게 되지만 핵가족시대 가족이 적은 관계로 대부분은 주로 도우미들이 여자 상주의 지시를 받아 관리하게 된다.

접대 음식 가운데 국과 밥은 보온통에 보관하여 항상 따뜻하게 드실수 있게 보관하고 반찬류는 반찬 냉장고에 보관하여 신선함을 유지해서 드실 수 있도록 하여야 한다.

음식물이 부족하거나 추가사항에 대해서는 모두 소비되기 전에 관리하는 유가족과 상의하여 추가 주문을 하도록 하여 유가족들이 손님 접대에 소홀함이 없도록 하여야 한다.

이용에 따른 방법과 주의할 점으로 접객실이나 분향소(빈소) 내에 물품을 반입 할 때는 반드시 확인 전표와 영수증을 잘 보관하고, 중간 확인사항을 점검 하도록 한다. 특히 음식물 반입시 유가족들이 잘 체크할 수 있도록 설명한다.

기타 미결정 사항이 있으면 결정 후 사무실로 연락 할 수 있도록 하여 시설 이용에 불편함이 없도록 한다.

접객실은 장례기간 동안 24시간 이용되는 공간으로 조문객, 취객 및 수면 중에 가끔 지갑 등의 분실하거나, 여자들의 귀금속 등 도난사고 사례를 설명하고 도난시 경찰에 신고는 하지만 책임지고 찾아드릴 수 없음을 주지시킨다.

분실과 관련하여 장지로 출발하기 전에 부의금을 보관하고 있던 돈가방을 소홀히 하여 분실사고 많음을 설명한다. 특히, 차량 내에는 보관하지 않도록 하고, 장지에서 사용할 금액을 제외하고 은행입금 후 장지로 이동할 수 있도록 안내한다.

장례식장내 편의점(매점)은 장례기간 동안 유가족이 사용하게 될 생활용품을 구입할 수 있는 곳이다.

장례식장 내에 설치된 편의점(매점)은 규모에 비하여 취급하는 품목이 상당히 많지만 이용자는 외부의 방문 손님들은 소수이고 대부분은 유가족들이 많이 이용하고 있다.

취급 품목으로는 주류, 음료를 비롯하여 각종 생필품에 이르기까지 다양하다. 이용방법은 대부분 일정 수량을 일괄 구매하며 사용과정에서 부족한 품목에 대해서 추가 구매하고 잉여부분에 대해서는 반납할 수 있다. 일괄 구매한 품목들 가운데 장례기간 동안 사용되지 않은 물품은 발인 전까지 반납이 가능하다. 반납 용품들로는 장의용품과 매점물품으로 주류, 음료, 잡화 등이 있다. 또한 장지 등에서 필요한 용품이 있는 경우는 발인 이전에 추가 주문이 가능하다.

표 2-11 ▶ 장례식장 매점 취급 품목

분류	세부 품목
주류	맥주, 소주, 정종(수복) 등
식음료류	생수, 검은콩두유, 사이다, 콜라, 매실, 식혜, 망고쥬스, 아미노업, 화이브미니, 동충화초, 원샷, 커피믹스, 현미녹차, 컵라면 등
주방 용품	고무장갑, 수세미, 과도, 행주, 세제, 쿠킹호일, 크린랩, 밀폐용기 등
장지 용품	스티로플, 주걱, 국자, 밥국그릇, 수저, 나무젓가락, 접시, 비닐팩, 위생장갑, 은박돗자리 등
생활용품 및 잡화	사인펜, 볼펜, 노트, 편지봉투, Y셔츠, 넥타이, 예식장갑, 목장갑, 화투, 놀이방석, 종교테이프, 칫솔, 치약, 세수비누, 면도기, 양말, 스타킹, 생리대, 샴푸, 가그린, 수건, 곽티슈, 고무줄, 쇼핑백, 가위, 박스테잎, 라이타, 실외용슬리퍼, 종이컵, 우의, 우산, 모기향, 홈키파, 전자모기향매트, 전자모기향기기, 전화카드, 필름, 1회용카메라, 검정비닐봉지 등

5. 장례 행정 관리 및 예약 업무

5.1 기본접수 및 전산 정보 관리

대부분의 장례식장에서는 업무 관련 내용이 자체적으로 전산화되어 있기 때문에 유족과 장례 상담이 끝난 후에는 전산프로그램에 개인정보 및 상담관련 제반사항을 입력하게 된다.

장례식장 계약서 작성 및 확인 후 전산 입력은 고인의 기본사항을 등록하고 상담시 결정한 장의용품, 매점, 식당, 도우미 물품출입관리 등을 입력한다.

전산 입력에는 고인과 상주에 대한 정보, 입실 및 발인 시간 등을 정확하게 입력하였는지 확인하여야 한다. 또한 각 정보에 대한 사항이 변경 될 경우 바로 수정할 수 있도록 하여야 하며, 각 물품출납 입력 과정에 수량 및 오류 수정 등 재차 확인이 필요하다. 그 밖에 개인 정보 유출에 주의하도록 한다.

가족사항을 분향소 모니터에 올리고 시설에 따라서는 출력하여 게시판(전광판)에 붙이고 장례식장 홈페이지에 등록을 확인한다.

분향소(빈소) 모니터에 잘못 입력된 사항이 있는지, 분향소(빈소) 안내가 잘 출력되는지를 확인한 다음 상담자는 계약서에 미비된 것이 없나 확인하며 업무일지와 빈소 특이사항을 인수인계한다.

그림 2-42 ▶ 장례식장 분향실 상황 및 업무현황

5.2 화장장 화장 예약 실무

유가족들이 시신 처리방법으로 화장(火葬)을 이용한 장법을 선택하게 되면 먼저 가까운 화장장 예약을 서둘러 하여야 한다. 최근 화장율의 증가와 함께 화장 소요시간과 이동 거리 및 봉안 시간을 감안하여 일찍 화장을 하는 경우가 많기 때문이다.

우리나라 화장장의 대부분은 지자치단체에서 운영되기 때문에 관할 지역민이 이용하는 경우와 관외 지역민이 이용 하는 경우 이용 금액에 차이가 있기 때문에 이 점을 유가족에게 설명하여 화장예약에서 발생되는 불편이 없도록 하여야 한다.

화장장 예약은 e하늘장사정보(www.ehaneul.go.kr) 홈페이지에서 예약이 가능하다.

e하늘장사정보 홈페이지에서 먼저 "화장예약" 항목을 클릭하여 화장이용 안내에 대한 설명을 확인한 다음 "화장시설예약현황"을 클릭하여 전국 화장장의 실시간 화장 예약 상황을 파안한다. 유가족이 원하는 날짜에 조회일자를 선정하고 지역을 선택한 다음 일반시신, 개장유골, 죽은 태아 등 구분 항목을 선택하여 원하는 화장 시설 및 화장 시간대의 예약현황을 먼저 검색 조회하여야 한다.

다음은 "예약 신청"을 클릭하여 신청구분 및 화장시설 선택에서 일반시신, 개장유골 및 죽은 태아를 구분하여 선택하고, 화장을 원하는 시·도를 선정하고 그 지역의 화장시설을 선택한 다음 구비서류 및 공지사항을 확인한다. 개인정보 보호정책에 동의 하여야 한다.

다음은 예약정보를 입력한다. 다음은 사망진단서를 기준으로 고인의 정보를 입력한다. 입력 필수 항목으로는 고인의 성명, 주민등록번호(실명인증), 사망일자, 주소 및 고인의 관내거주 구분을 입력하고, 사망진단서 또는 사체검안서 발급 기관 및 번호는 선택입력 사항이다. 다음은 연고자 정보를 입력한다. 연고자의 성명, 주민등록번호(실명인증), 고인과 연고자와의 관계, 연락처, 휴대전화번호 및 주소를 입력한다. 다음은 화장예약 대행자를 포함한 신청인의 정보를 입력한다. 신청인의 성명, 주민등록번호(실명인증), 고인과 신청인과의 관계, 주소, 신청인 소유의 휴대전화번호(SMS 문자를 동의를 위함)를 입력한다. 동시에 신청인은 휴대폰, 신용카드, 공인인증서 등을 통해 신청인 본인인증 방법을 선택하여 본인 인증한다. 유가족이 원하는 화장예약

그림 2-43 ▸ 보건복지부 e하늘 장사정보 시스템에서 화장 예약

일자 및 시간대를 선택을 하게 되면 예약이 완료되고 예약확인서를 출력하여 유가족에게 전달하거나, 휴대폰으로 SMS통보를 받는 경우 유가족에게 전달한다.

화장장 예약 신청은 2개 이상의 시설에 중복 예약은 불가능하며, 동일 시설에서 시간대 변경은 가능하며, 시설을 변경할 경우 먼저 예약한 시설을 취소하고 다시 신청 하여야 한다.

만약 화장 예약을 변경하고자 할 경우 e하늘장사정보 홈페이지에서 예약번호 및 신청자 주민등록번호를 입력하고, 휴대폰, 신용카드, 공인인증서 등을 통해 신청인 본인인증 확인을 한 다음 변경하려는 예약일자, 시간대를 선택하고, 변경된 예약번호를 출력하거나 휴대폰으로 통보를 받아 유족에게 전달한다.

화장예약을 취소할 경우 예약번호 또는 신청자 주민등록번호를 입력하고, 신청인 본인인증 절차를 거친 다음 예약취소 확인을 한 후 예약 취소사실을 출력 또는 휴대폰 통보를 받아 유족에게 전달한다.

화장 예약은 시설에 따라 다소 차이는 있지만 일반적으로 화장 5일전부터 1일 전까지 예약 가능하며, 개장 유골은 화장 15일 전부터 예약이 가능하지만, 통상적으로 화장 시간은 가장 늦은 시간에 실시하는 경우가 많다.

화장 예약을 하고자 할 때는 사망자의 거주 지역, 국가유공자, 기초생활수급자 등에 따라 사용료가 차등 부과되기 때문에 유가족은 화장장 선택에 고려사항이 될 수 있으며, 우리나라 화장장의 대부분은 관내 지역민과 관외 지역민을 구분하여 시설 사용료를 달리 받고 있기 때문에 유가족에게 사전 설명이 필요하다.

일반적으로 화장 비용은 대인(13~15세이상), 소인(13~15세 미만), 개장유골, 사산아 등으로 구분하여 사용요금을 달리하고 있다.

화장 시간은 시설에 따라 다소 차이는 있지만 화장 소요시간, 봉안(안장) 시간 등을 고려하여 1회차 화장 시간은 오전 7시 또는 8시경에 처음 시작하는 경우가 많고, 4회 또는 5회차(13시 또는 15시)에 화장을 종료하는 경우가 많으며, 유가족은 장례일정, 이동거리, 봉안장소 등을 고려하여 화장 시간을 결정할 수 있도록 한다.

➤ e 하늘장사정보 홈페이지	• www.ehaneul.go.kr
➤ 화장시설 예약현황 확인	• 원하는 시설 및 시간대 예약현황 조회
➤ 예약신청	• 신청 구분 선택, 원하는 지역 및 화장장 선택 • 개인정보 수집 및 활용에 관한 동의
➤ 고인의 정보 입력	• 필수 : 성명, 주민등록번호, 사망일자, 주소, 관내구분 • 선택 : 사망진단서(또는 사체검안서) 발급 기관 및 번호 ☞ **사망진단서 기준으로 정보입력**
➤ 연고자 정보 입력	• 성명, 주민등록번호, 고인과 관계, 연락처, 휴대전화 번호 및 주소
➤ 신청인(대행자) 정보 입력	• 성명, 주민등록번호, 고인과 관계, 주소, 휴대전화번호
➤ 신청인 본인인증	• 본인 확인절차(휴대폰, 신용카드, 공인인증서 등 택1)
➤ 예약일자 및 시간 선택	• 원하는 화장예약 일자 및 시간대 선택
➤ 예약완료 및 출력	• 예약확인서를 출력하여 유가족에게 전달

그림 2-44 ▶ 화장 예약 업무 흐름도

표 2-12 ▶ 사망자별 화장 관련 구비서류

일반사체			개장	사산	외국인
병사(노화사)	외인사	기타 불상			
사망진단서 (사체검안서)	사망진단서 (사체검안서) 검사지위서	사망진단서 (사체검안서) 검사지위서	개장신고필증 (분묘관할읍, 면, 자치주민센터)	사산(사태) 증명서	외국인등록증 사망진단서 검사지위서 대사관(영사관) 확인서

이미 사망신고 된 경우 여러 가지 사유로 고인의 실명인증이 되지 않는 경우에는 실명인증신청과 관련 증비서류를 접수시킨 다음 실명인증 처리 후에 화장예약을 할 수 있다.

고인의 실명인증이 되지 않는 세부적인 경우와 처리에 따른 관련 증빙 서류는 표 2-13과 같이 처리한다.

표 2-13 ▶ 고인의 실명인증이 되지 않는 경우와 관련 증빙 서류

구분	세부분류	관련 증빙서류
주민등록 번호말소	■ 기 사망신고 된 자	• 가족관계증명서 또는 말소자주민등록등본 • 사망진단(시체검안)서 ※ 무연고변사자는 검사지휘서 추가
	■ 선고 말소자 (실종, 부재, 국적상실)	• 가족관계증명서 • 사망진단서(시체검안서) ※ 무연고변사자는 검사지휘서 추가
0세아	■ 출생신고 전 사망자 (죽은 태아는 제외)	• 출생증명서 또는 사망진단서(시체검안서)
미등록 외국인	■ 외국인등록번호가 없는 외국인	• 해당 영사(대사)관의 자국민(사망)확인(서) • 사망진단(사체검안)서
기증시신	■ 기증서약으로 의료기관에 기증된 시신	• 기증서약서 • 사망진단(사체검안)서
	■ 행려사망자 중 의료기관 실습용 시신	• 기증확인서류 • 사망진단(사체검안)서
치료 · 보호자	■ 보장 및 시설보호를 위한 임시주민등록번호 부여자	• 사망진단(사체검안)서 • 치료 · 보호관련 증명서류
신원미상	■ 행려사망자, 변사자 (사고사 포함) ※ 실명인증 통과 대상자 제외	• 검사지휘서(검사필증) • 사망진단(사체검안)서
무적자	■ 출생신고 미신고자	• 행정기관의 무적 확인서 • 사망진단(사체검안)서
기타	■ 외국에서 발행한 사망진단서	• 번역 및 공증된 사망진단(사체검안)서

Chapter 03

시신 처리와 의례 실무

1. 장례 2일째 주요 업무

장례 2일째 장례지도사의 주요 업무는 시신을 처리하는 염습과 입관 업무이다. 그 밖에 시신처리가 완료되면 정식으로 상복을 갖추어 입는 성복의례를 안내하며, 상담 과정에서 보완하여야할 사항들을 점검하게 된다.

그 밖에 장례용품 및 예약된 장의 차량확인, 접객실 음식 및 장지 음식예약에 따른 확인 점검, 행정서류 점검, 분향실(빈소)이나 접객실 사용에 따른 불편사항 등을 점검한다.

장례 2일차 주요업무		
	▪ 염습 및 입관	✓ 용품준비, 염습 및 시신처리, 입관
	▪ 접대음식 관리	✓ 상주 및 조문객 접대음식 점검 관리
	▪ 성복 및 의례지도	✓ 상복 착의 및 성복제 의례진행
	▪ 정산 안내	✓ 중간 및 최종정산 방법, 절차 안내
	▪ 발인 상담 및 준비	✓ 발인시간, 제의례 절차 등 준비안내
	▪ 장의차량 상담	✓ 장의차량 선택, 계약 및 시간상담
	▪ 장지 용품 상담	✓ 장지에 사용될 용품, 음식, 제상 안내
	▪ 장지설치 준비점검	✓ 매장 - 매장용품 준비, 장지설치확인, ✓ 화장 - 유골함, 화장장 예약상황 등 확인
	▪ 장례행정 서류점검	✓ 장례행정 서류준비 및 처리 절차안내
	▪ 시설점검 및 관리	✓ 분향소, 접객실시설 사용 불편 처리

그림 3-1 ▶ 장례 2일차 주요업무 현황

2. 시신 처리 준비와 실무

2.1 염습 및 입관 시간 결정 및 준비

시신에 대한 위생처리와 입관작업은 일반적으로 장례 2일째 되는 날 이루어지게 된다.

장례식장에서는 입관을 하기 위해서 필요한 행정적인 서류를 유가족들로 하여금 준비하도록 한다. 통상 입관 1시간 전까지 사망진단서(사체검안서), 발인 전일 까지 퇴원증(원내사망자인 경우)를 제출하도록 하고 있다. 원인미상, 사고사인 경우에는 경찰 신고 후 검사지휘 확인서(검사필증)를 발급받아 제출하도록 하고 있다.

입관시간은 사망한지 24시간이 지난 다음 날 주간에 이루어지는 경우가 많으며, 사정에 따라서는 야간에도 이루어지는 경우도 있다.

유교적 성향이 강한 가정에서는 입관 시간과 절차를 엄밀히 따지는 경우도 있다. 즉 고인의 출생과 사망 등 해당일 일진을 고려하거나, 가족들 가운데 해외 또는 먼 곳에서 오는 경우 도착시간 등을 고려하여 입관시간을 결정하는 경우도 많다.

또한 고인은 수의를 입히고 결관 후 입관이 완전히 이루어진 상태이기 때문에 고인의 얼굴을 더 이상 직접 볼 수 없기 때문에 따라서, 입관 시간 결정은 가족들이 원하는 시간을 맞추며 다른 시설 이용자들과 겹치지 않도록 하여 결정하게 된다.

먼저 장례지도사는 입관 절차와 함께 입관을 하는데 걸리는 소요시간(1시간~2시간 정도)을 설명한다. 염습실 사용에 앞서 사전 예약된 입관시간을 확인하고 입관 가능 시간을 안내하여 유가족들이 입관시간을 결정 하도록 한다.

일반적으로 염습 및 입관은 오전 9~11시, 오후 11~4시 사이 많이 진행하며, 오후에 하게 되면 조문객 때문에 오전에 많이 선호함을 함께 설명한다.

장례식장이 크고 당일 입실(장례식장 사용)이 많은 경우는 입관 시간이 겹치면 곤란하기 때문에 기존 예약된 시간을 고려하여 준비작업과 가족들의 참관 시간을 고려한 입관 시간을 배정하도록 한다.

입관 시간이 최종 결정되면 입관시간을 사무실 상황판에 표기하고 안치실에 통보하여 시간을 알리도록 한다.

입관을 위한 준비 과정도 매장 또는 화장에 따라 입관 준비와 방법을 다소 다르게 적용하고 있다.

매장을 하는 경우라도 입관 방법이 지역과 집안 가풍에 따라 다르기 때문에 탈관 후 매장하는 방법과 관을 그대로(관장) 매장 하는 경우가 있으므로 확인 하여야 한다. 그 이유는 탈관을 하는 경우 고인을 광중으로 모실 때 들끈을 미리 관 내부에 설치하여야 하기 때문이다.

입관에 사용되는 기본 물품(한지, 탈지면, 관비닐, 수세포, 관보, 결관바, 보공, 염습용수용액, 장갑, 명정, 수의, 관, 매장베 등)을 간단히 설명하고, 빠진 품목이나 유족이 필요로 하는 기타 물품을 주문 받고, 염습 및 입관 용품 사용에 따른 정산관계를 설명한다.

입관에 사용될 고인의 명정을 만들기 위해 고인의 생전 관직과 본관 및 종교 등을 확인하고 명정의 품질과 종류에 따른 가격 등을 설명한다.

일반적으로 명정은 붉은 천에 흰(또는 금빛) 글씨로 작성하며, 죽은 사람의 관직이나 성명 따위를 쓴 것으로 관의 주인을 나타내는 명찰과 같아 작성 후에는 유족에게 재확인 한다.

그림 3-2 ▶ 종교별 명정종류와 서식 예

남자 (관직이 없는 경우)	學生金海金公之柩(학생김해김공지구)
여자 (남편이 관직이 없는 부인)	孺人全州李氏之柩(유인전주이씨지구)

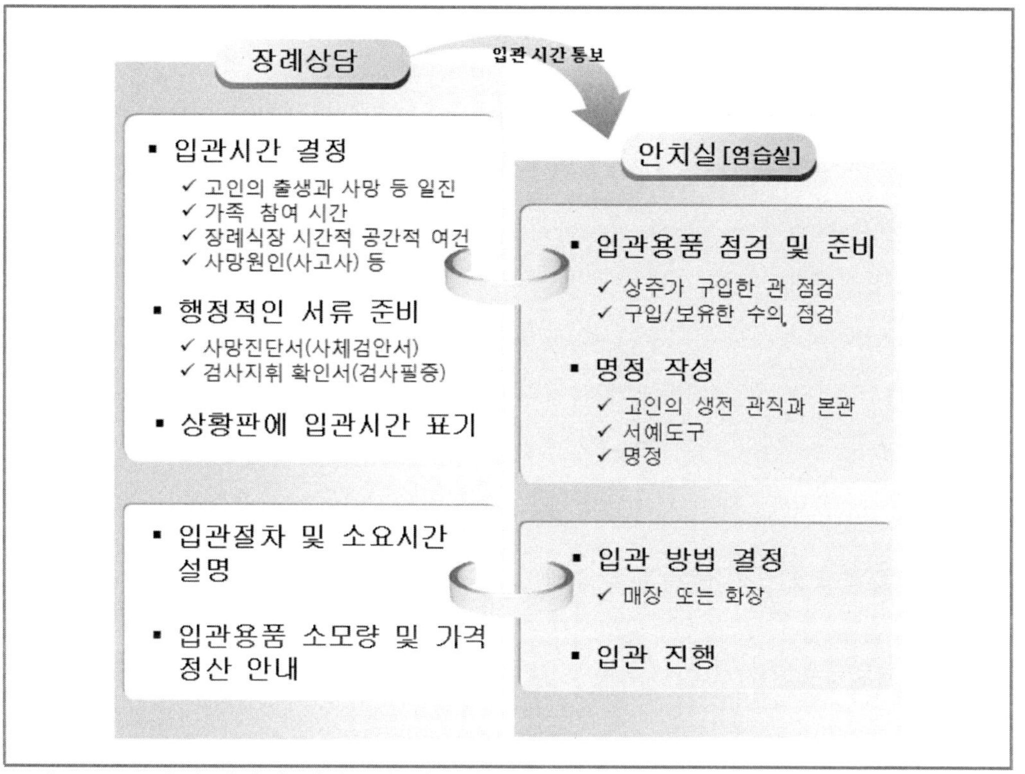

그림 3-3 ▶ 장례 상담과 입관준비 업무의 흐름도

2.2 염습(殮襲) 및 입관의 개요

습(襲)과 염(殮)은 시신을 씻기고 닦고 하여 시신을 깨끗이 한 다음 수의(壽衣)를 입힌 뒤, 염포(殮布)로 묶는 절차로서 염습(殮襲) 또는 습렴(襲殮)이라고도 한다.

습은 원래 의복을 겹쳐 입는 것을 의미하지만 현대에서는 옷을 겹쳐 놓고 시신을 목욕시킨 다음 수의를 입히는 절차를 말하며, 염(殮)은 소렴과 대렴으로 구별하며, 소렴(小殮)은 수의를 입힌 다음 매장포(埋葬布)로 시신을 싸서 단단히 동여매는 절차이며, 대렴은 입관시키는 절차에 해당된다.

현대는 대부분 사망 다음날 염습이라 하여 습과 소렴, 대렴이 한꺼번에 이루어지고 있는 것이 일반적이지만, 전통 장례인 경우에는 습과 염을 분리하여 행하였고, 염을 다시 소렴(小殮)과 대렴(大殮)으로 나누어 실시하였다.

현대의 경우 대부분 특별한 사정이 없는 한 3일장을 기본으로 장례식을 거행하고 있어 통상적으로 사망한 다음 날 습을 하고 습이 끝나면 곧바로 소렴을 하고 입관까지 하게 되어 염습 및 입관의 과정은 사망 2일째 한꺼번에 이루어지게 된다.

장례절차 과정에서 염습과 입관 과정은 유가족 측면에서는 고인을 마지막 볼 수 있는 기회이자 작별의 시간으로 생각하며, 특히 감정 조절이 어렵기 때문에 여자 상주의 경우 실신하거나 여러 가지 돌발 상황이 발생되기 쉽다.

또한, 작업자(장례지도사)와 유가족 모두가 시신과 직접적인 접촉이 이루어지는 장례절차이다. 따라서 작업이 이루어지는 염습실과 참관실 공간은 청소, 소독 등 위생적인 분야에 중점적인 관리가 필요하다.

사체의 부패에 따른 감염과 전염병 발생을 차단하기 위하여 염습실이나 안치실의 출입자 관리감독, 시체 취급방법, 취급시 개인위생 및 위생장비 착용, 시설의 정기적인 소독, 외부와의 격리 등 장사 등에 관한 법률, 시행령, 시행규칙에 의거하여 철저한 보건위생관련 준수사항을 지키도록 하여야 한다.

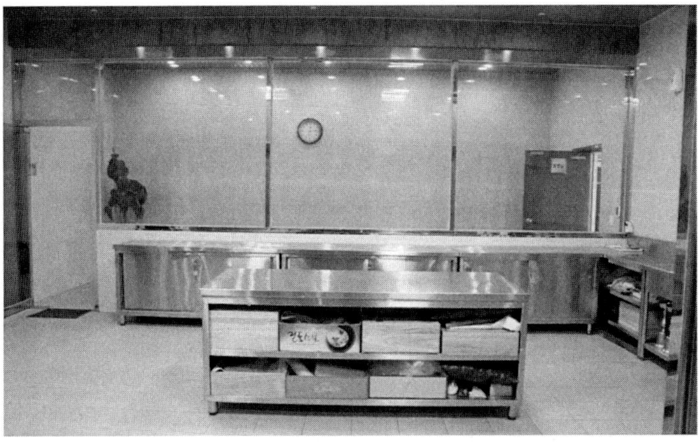

그림 3-4 ▸ 장례식장의 염습실

염습 및 입관 준비절차

✓ 시체와의 직접적인 접촉
✓ 철저한 보건위생관련 준수

용품 준비

- ➤ 종교, 명정, 특이사항 사항 등 확인
- ➤ 제작용품은 미리 준비, 확인
- ➤ 용품은 사용하기 편리하게 동선에 맞추어 수납
- ➤ 수의 및 관 정리

사망자 준비

- ➤ 사망진단서 등을 재확인
- ➤ 감염 경고와 참관시 유의사항 설명
- ➤ 종교 의례자의 스케줄 숙지
- ➤ 입관시 유족 요구사항 등을 숙지
- ➤ 냉장고에 안치중인 시신을 밖으로 모시고 확인
- ➤ 고인을 안치대에 옮김
- ➤ 의복(또는 수시복) 탈의
- ➤ 적신 알코올 솜을 이용하여 전신 이물질 제거
- ➤ 근육의 경직 이완, 팔 다리 관절 수축 및 이완
- ➤ 코, 입, 항문, 생식기 주변 이물질 제거
- ➤ 상처 및 욕창 부위 처치
- ➤ 두발정리
- ➤ 한지를 이용한 지옷(종이 옷) 준비 : 선택

참관실 안내

- ➤ 입관 준비 완료 후 분향실 대기 유가족을 참관실로 안내
- ➤ 고인 얼굴 확인 후 참관실로 안내
- ➤ 입관과정, 소요시간 및 협조사항 설명
- ➤ 인사 후 염습 시작

그림 3-5 ▸ 염습과 입관을 위한 주요업무 내용

2.2.1 염습 및 입관 용품 준비

염습 및 입관 용품들로는 미리 제작되어 나온 단품 시제품과 작업자가 만들어야할 준비 물품이 있다. 따라서 염습과 입관의 시간적 효율성을 높이기 위하여 관련 용품은 미리 준비하는 것이 바람직하고 사용될 용품은 염습을 시작하기 1시간 전에 미리 만들고 준비해 놓는다. 사용될 용품으로는 관과 수의는 유가족이 선택한 품목인지를 다시 한 번 더 확인한다.

수의는 장례식장에서 구매하는 경우도 있지만 가족들이 미리 준비해둔 경우도 많다. 상담과정에서 수의 보유 여부를 확인하고 보유하고 있는 경우 염습 시작 1시간 전에 가져다 줄 것을 상담과정에서 설명하고 당일 확인하도록 한다. 그 밖에 종교용품, 만들어진 명정, 특이사항 사항 등과 함께 염습용품을 확인 점검한다.

명정을 제작 해 놓고 표기된 한자가 잘못된 것이 없는지 다시 한 번 더 확인한다.

수의나 염습용품을 사용하기 좋게 동선에 맞추어 수납해 놓는다.

수의는 상의와 하의가 여러 개 품목으로 구성되어 있어 염습과정의 작업량과 시간을 줄이기 위하여 대부분의 장례식장에서는 미리 정리 작업을 해둔다.

남자의 경우 하의는 속바지와 겉바지 순서로, 상의는 저고리, 두루마기, 도포 순서으로 미리 팔을 끼워놓고 준비를 해 둔다. 여자의 경우 하의는 속바지, 속치마, 겉치마의 순서로, 상의는 속저고리, 겉저고리, 원삼 순서로 미리 팔을 끼워놓고 준비를 해 둔다. 요즘 수의는 대부분 속바지와 겉바지가 붙어서 제작되어 나오는 경우도 많다.

입관을 준비하는 과정에서 관의 위치는 고인을 모시기 편리하도록 안치대 옆에 관받침대에 올려놓은 후 천판을 열고 종교에 맞추어 염보, 장메, 지요, 베게 순으로 관위에 준비하고 그 위에 지욧, 지메를 놓게 되면 작업의 편리성과 동선을 줄일 수 있다. 이는 작업자의 성향과 장례식장의 시설환경에 따라 가변적으로 할 수 있다.

준비용품		
	염습용	수의(남자, 여자)세트, 수건, 탈지면, 목욕물(알코올 또는 향물), 불린 쌀, (나무로 만든) 수저, 교의, 혼백, 구슬(혹은 동전), 오낭, 칼, 가위, 화장품 등
	입관용	관, 관받침대, 관보, 명정, 망치, 보공용품, 결관바(소창), 공포, 한지, 현훈, 기타 종교용품 등

그림 3-6 ▶ 염습 및 입관을 위한 용품

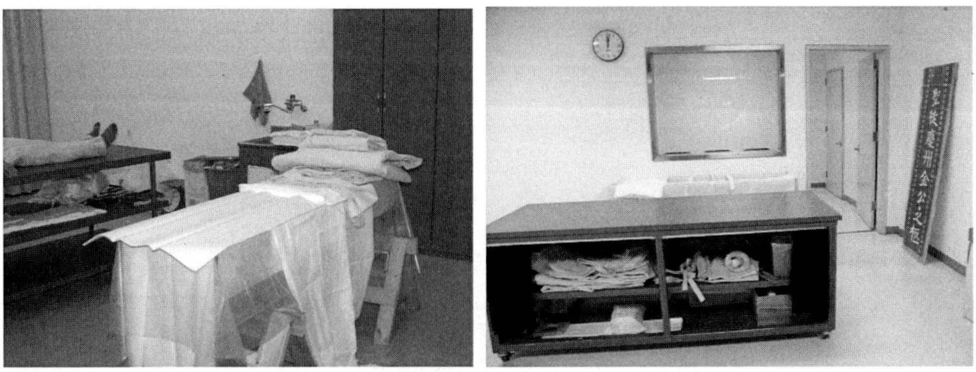

그림 3-7 ▶ 염습 및 입관을 위해 용품을 준비해 둔 장례식장 염습실

2.2.2 사망자 준비

장례지도사는 입관 전에 사망자의 사망확인서를 재확인(병사, 사고사 등 여부)한다. 유가족들에게는 염습실 출입에 따른 감염 경고와 참관시 유의사항 및 참관실에서 염습과 입관과정을 참관 할 수 있도록 설명한다.

고인이나 유가족이 종교를 가진 경우 입관할 때는 유가족과 함께 해당 종교의 종교인 참여가 이루어지는 경우가 많으므로 목사, 신부, 스님, 연령회 등 종교인 진행자의 필요 스케줄과 요구사항을 숙지하고, 가족에 따라서는 고인 부장품 및 목욕, 면도, 수의 착용시 유족 요구사항 등을 숙지하여야 한다.

안치실 근무자는 입관시간 30분 전에 냉장고에 안치중인 시신을 밖으로 모시고 상태를 확인 한 다음 필요한 입관준비를 하게 된다.

고인을 안치대에 옮기고 염습을 할 수 있도록 입고 있던 옷가지(또는 수시복)를 탈의시킨 후 통상적으로 알코올을 적신 솜을 이용하여 몸에 붙은 이물질들을 닦아내거나 욕창 등 상처부위가 있으면 소독 등 처리작업을 먼저 실시한다.

수의를 입히기(염습) 용이하게 하기 위해 경직되어 있는 팔과 다리의 관절부위를 마사지와 수축 이완운동을 시켜 관절의 움직임이 쉽도록 한다.

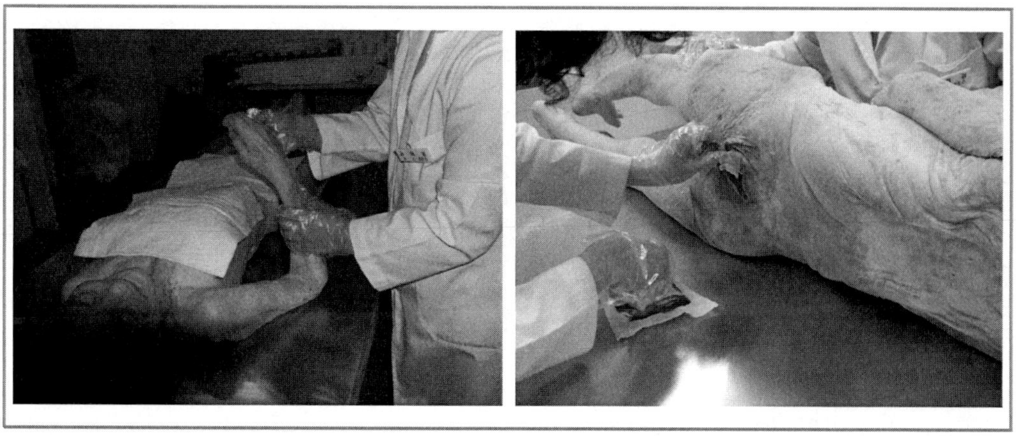

그림 3-8 ▶ 염습을 위한 시신 준비 : 수의를 입히기 용이하게 관절운동(좌), 욕창 처리(우)

사망자에 따라서는 코, 입, 항문, 생식기 주변에 체외 분출물이나 수술부위, 욕창 등 손상부위를 확인과 하고 처치한다.

코나 입 등에서 분비물이 확인될 경우 대부분의 장례식장에서는 솜을 이용하여 닦아내거나 최근에는 약품을 이용하여 폐쇄시키는 방법을 많이 사용하지만 근본적인 해결 방법이 되지 못한다. 따라서 분출물이 발생된 시신인 경우 해당부위로 흡입기구를 이용하여 이물질을 최대한 흡입 배출시키고 적절한 도구나 체액 차단제와 같은 약품을 이용하여 분출물의 배출을 막도록 한다.

상처나 욕창 등으로 인해 냄새가 나는 경우 알코올이나 기타약품 등을 이용하여 처리한 다음 해당부위가 넓지 않은 경우 상처 접착제와 같은 용품을 이용하여 상처부위를 도포하여 냄새가 나지 않도록 처리해주는 것도 좋다. 손상부위가 넓은 경우 드레싱을 하거나 항문 부근인 경우에는 성인용 기저귀를 착용하는 방법도 있다.

머리 손질은 모발이 거칠거나 장발인 경우 세척을 한 다음 머리끈으로 최대한 깔끔하게 보일 수 있도록 정돈해준다.

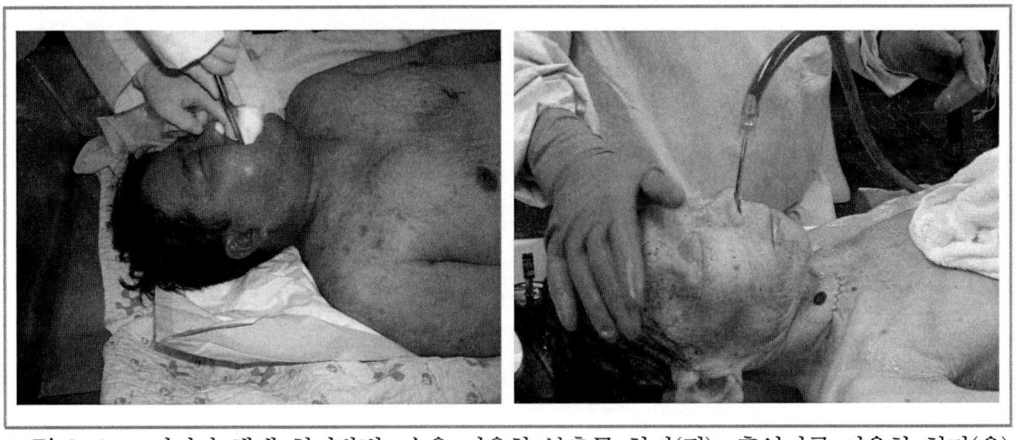

그림 3-9 ▶ 사망자 체액 처리방법: 솜을 이용한 분출물 처리(좌), 흡입기를 이용한 처리(우)

장례식장에 따라서는 알코올로 소독한 뒤 수의를 입히기 편리하도록 한지를 이용하여 지옷(종이옷)을 입히는 경우도 있다.

또한 사망자의 사인에 따라서는 수의를 입힌 상태에서 면목으로 얼굴을 싸기 전 단계까지 작업을 마친 다음 유가족을 입회 시켜 마지막 작별 인사를 하는 경우도 있어, 이와 같은 전 처리가 먼저 이루어진 경우에는 수시포를 덮어 유가족이 참관할 때까지 대기한다.

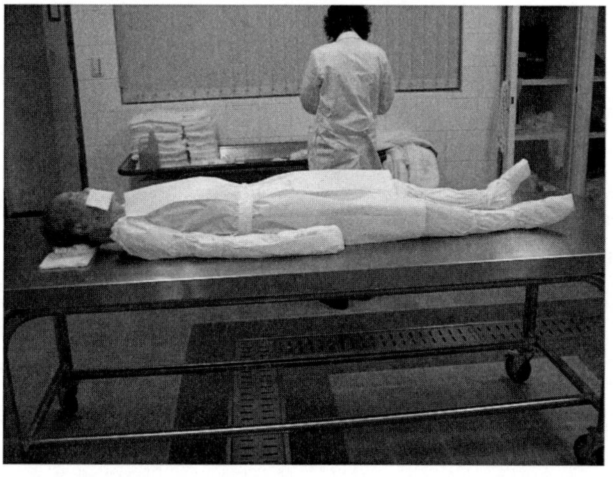

그림 3-10 ▶ 한지를 이용한 지옷(종이옷) 입히기

2.3 유족 참관실 안내

입관준비가 다 끝나고 나면 해당 분향실에 연락을 하여 유가족의 참여를 안내를 하게 된다. 유족이 참관실에 도착하면 입관을 하기 전에 상주 대표로 하여금 고인의 얼굴을 먼저 확인하도록 한다.

고인의 얼굴을 확인한 다음 유족들을 참관실로 안내하고 고인에게 수의를 입혀드린 후 입관전에 작별 시간이 계획되어 있음을 안내한다.

참관실 내에서는 핸드폰 전원을 꺼놓도록 양해를 구한 다음 염습 과정과 소요시간(약 40분~1시간)에 대해 설명하고, 고인분의 "마지막 가시는 길 정성을 다해서 모시겠습니다"라고 말하고 인사를 한 다음 참관실 문을 닫고 염습을 시작한다.

사망자 준비 및 유족 안내

- ✓ 사망자의 사망확인서 재확인
- ✓ 종교인 등 참석자 스케줄 숙지
- ✓ 유품 등 입관시 유족 요구사항 등을 숙지
- ✓ 냉장고에 안치중인 시신을 밖으로 모시고, 염습테이블에 안치
- ✓ 입고 있던 옷가지(또는 수시복)를 탈의
- ✓ 알코올을 적신 솜을 이용하여 몸에 붙은 이물질 제거
- ✓ 경직부위 풀고, 팔 다리 관절의 움직임이 쉽도록, 머리 손질
- ✓ 인체 자연개구부 이물질 제거 및 분출물 폐쇄조치
- ✓ 욕창 등 상처 부위 처리
- ✓ 한지를 이용하여 지옷(종이옷) 착의(장례식장에 따라)
- ✓ 입관준비 완료 후 유가족을 참관실[염습실]로 안내
- ✓ 입관을 하기 전에 고인 얼굴 확인
- ✓ 염습 과정 설명 및 시작 인사

그림 3-11 ▶ 염습 및 입관을 위한 사망자 준비 및 유족 안내 절차

2.4 염습 및 입관 실무

우리나라 장례에서 시신을 처리하는 과정 즉, 염습과 입관은 일반적으로 2명(선임자와 후임자)의 작업자가 작업을 수행하는 경우가 대부분이다. 작업을 수행할 때 작업자의 위치는 일반적으로 선임자가 고인을 기준으로 왼쪽에 후임자는 오른쪽에 위치하게 된다.

일반적으로 염습 및 입관 작업 과정은 다음과 같이 진행된다.

먼저, 수시포를 덮어 놓은 상태로 고인의 몸이 노출되지 않도록 조심스럽게 팔, 다리를 주물러 준다.

고인의 몸을 닦는 재료는 전통장례에서는 쑥 삶은 물이나 향나무 삶은 물과 같은 향탕수를 사용했지만 최근에는 구하기 힘들기 때문에 대부분 소독용 70% 에틸알코올을 보편적으로 사용하고 있다.

알코올 사용 방법은 솜에다 알코올을 적셔 미리 준비해 두는 경우가 많으며 적신 알코올 솜으로 양쪽에서 팔-손-몸-다리-발 순으로 닦아준다.

후임자가 수시포가 벗겨지지 않게 고인의 몸을 기울여 선임자 쪽으로 등이 드러나도록 하고, 선임자는 알코올 솜으로 등과 엉덩이를 닦아 낸 후 안치대의 고인 엉덩이 위치에 하대를 내려놓는다.

고인의 몸을 다시 내려놓고 후임자가 양손으로 수시포를 들어서 고인을 가려주면서 선임자는 하대를 기저귀 채우듯이 양 다리사이로 올려주고 양쪽에 있는 끈으로 배 위에서 매듭지어 하대를 고정시고 후임자는 다시 수시포를 내려놓는다.

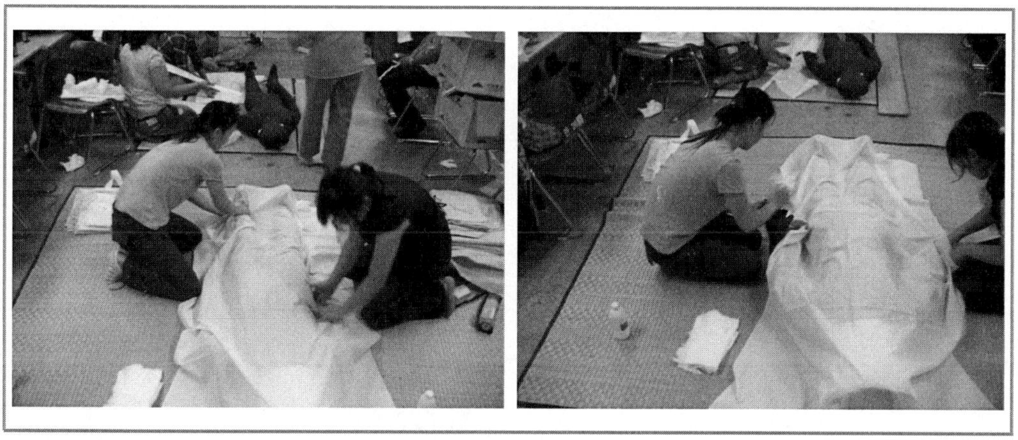

그림 3-12 ▶ 염습과정: 팔, 다리를 주무르는 과정(좌), 알코올솜을 이용하여 손을 닦는과정(우)

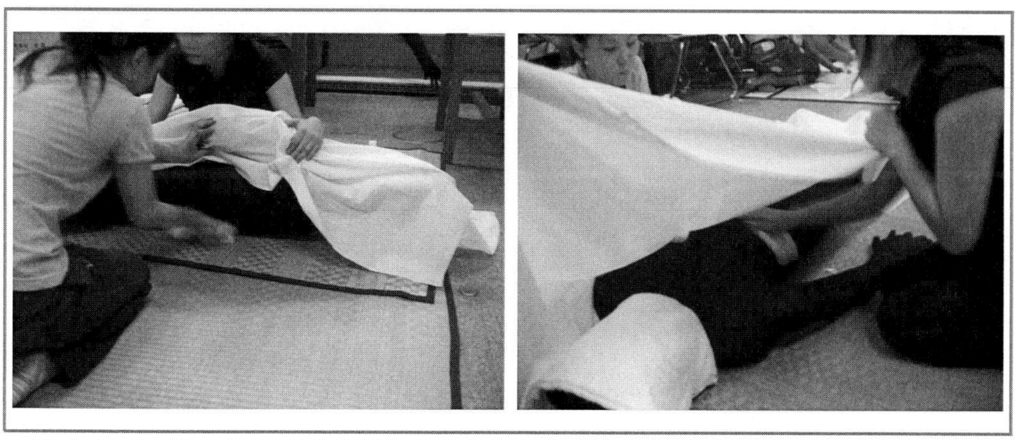

그림 3-13 ▶ 염습과정 : 선임자와 후임자가 번갈아가면서 가리고 닦아주는 과정

2.4.1 수의 착복 과정

장례식장의 작업자에 따라서는 수의를 입히기 전에 한지로 지옷(종이옷)을 입히는 경우도 있다. 지옷을 입히는 이유는 수의를 입힐 때 작업을 쉽게 하기 위해서다.

관 위에 준비해 둔 지옷을 하나씩 선임자에게 주고, 가슴-다리-배-팔-발 순으로 지옷을 입힌다. [장례식장에 따라서는 지옷을 입히지 않는 경우도 있다. 모두 통일된 방법은 아님]

지옷을 입혀 감에 따라 수시포를 조금씩 위쪽으로 걷어 올리고 지옷으로 배를 덮었을 때 선임자는 수시포를 이용하여 고인의 머리가 보이지 않도록 둘러싼다.

후임자가 발부분의 지옷을 선임자에게 건넬 때 선임자는 악수와 버선을 후임자에게 건네어 준다.

모든 작업 과정에서 선·후임자간 물건을 넘겨줄 때는 고인의 발 밑쪽에서 주고받으며 고인 위로 넘지 않도록 하여 건네준다.

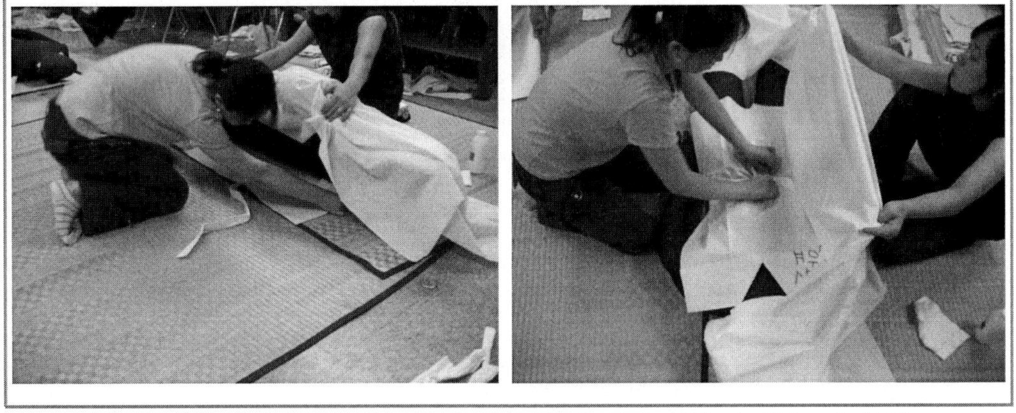

그림 3-14 ▸ 지옷 착의과정 : 지옷 등판 설치(좌)와 앞판 설치 후 묶는 과정(우)

지옷을 다 입히면 본격적으로 수의를 입히게 된다.

발에 버선을 신기고 손에 악수를 끼운 후 매듭짓는다.

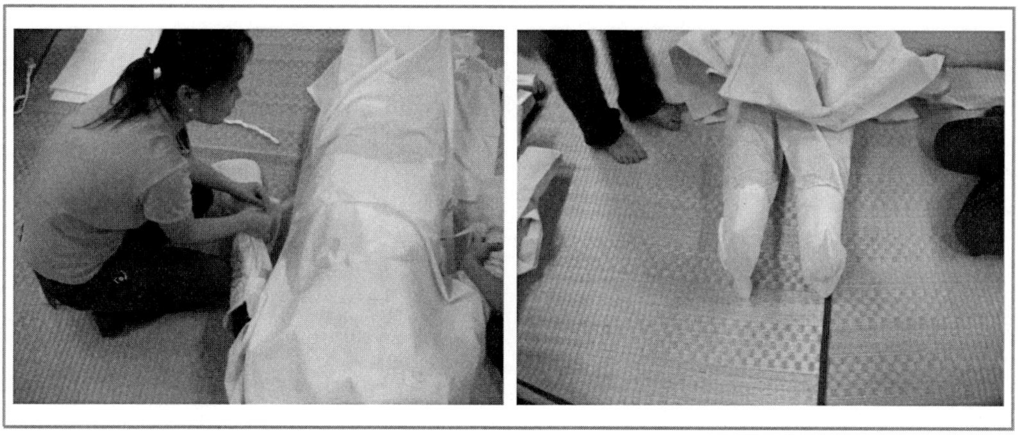

그림 3-15 ▶ 수의를 입히는 과정 - 손에 악수(좌), 발에 버선을 신기는 과정(우)

남자의 경우는 속바지-겉바지의 순으로 하의를 먼저 입히는데, 선임자와 후임자가 양쪽에서 바지에 손을 넣고 발을 잡아들고 다른 손은 허리자락을 붙잡아 들어올린다.

후임자가 허리자락을 정리하고 선임자는 허리끈을 대자를 이용하여 고인 밑으로 집어넣고 반대쪽에서 후임자가 끈을 빼어 주면 매듭을 짓는다. 발목도 바지자락 정리 후 대님으로 묶어준다.

여자의 경우는 속바지-속치마-겉치마의 순으로 입히는데, 치마는 고인 위에 치마를 가슴 높이 까지 올려준 후 후임자가 몸을 기울여 주면 선임자가 고인 밑으로 허리끈과 치맛자락을 넣어준다.

다시 선임자가 몸을 기울여주면 후임자는 선임자가 넣어준 허리끈을 잡아 빼고 자신 쪽의 허리끈을 선임자와 마찬가지로 밑으로 넣어준다. 선임자가 끈을 잡아 빼고 양쪽에서 올라온 끈을 가슴 위에서 묶어준다.

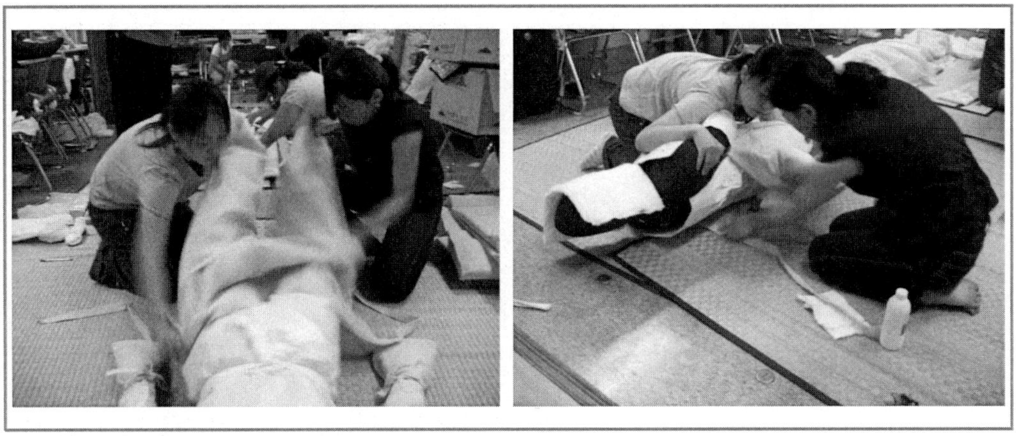

그림 3-16 ▶ 속바지 입히는 과정(좌), 허리 밑으로 끈 설치 과정(우)

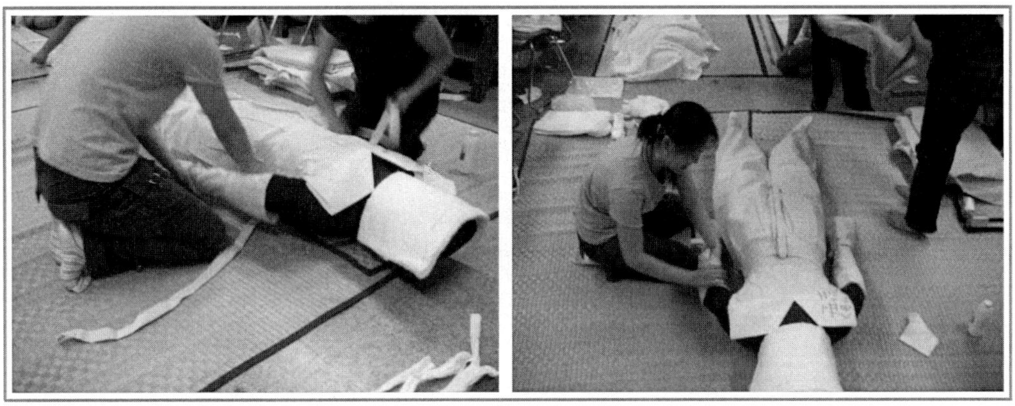

그림 3-17 ▶ 속바지 착의 후 허리끈 정리(좌), 정리 후 모습(우)

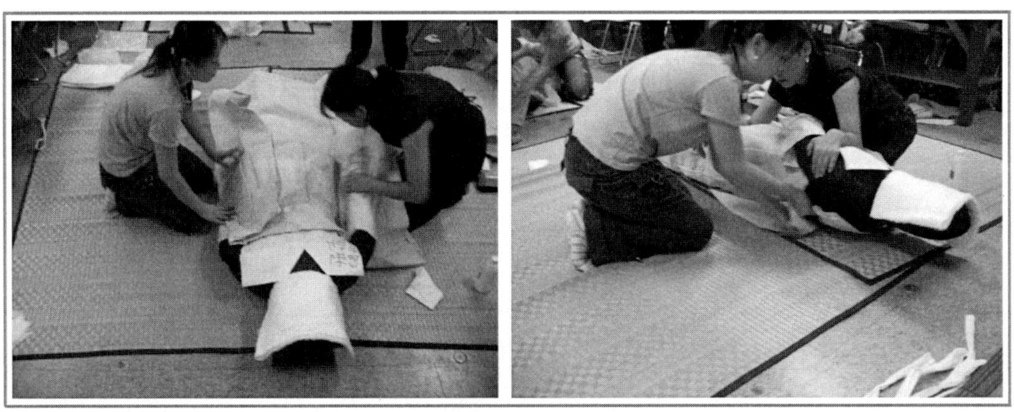

그림 3-18 ▶ 女 치마 입히기 1 : 치마를 가슴 높이에 준비(좌), 몸을 기울여 치마끈 정리(우)

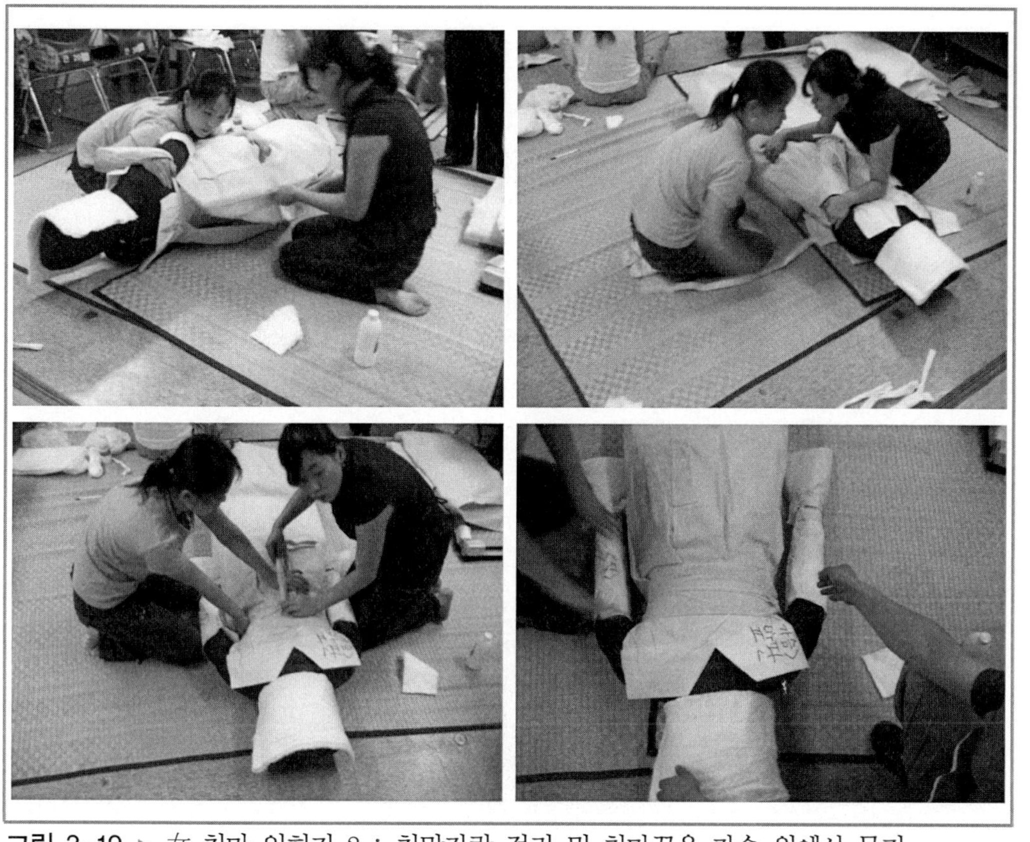

그림 3-19 ▸ 女 치마 입히기 2 : 치맛자락 정리 및 치마끈을 가슴 위에서 묶기

상의를 입히는 과정으로 남자는 저고리-두루마기-도포 순으로 미리 팔을 끼워놓고 준비를 해 두고, 여자의 경우에는 속저고리-겉저고리-원삼 순으로 미리 팔을 끼워놓고 준비를 한다.

선임자가 상의를 올려놓으면 동전부분을 양쪽에서 바깥쪽으로 말아 쥐고, 나머지 손으로는 다리를 들어서 다리 쪽에서부터 상의를 넣어준다. 허리와 몸통을 들어 올리면서 상의를 고인의 몸까지 올린 후 선임자-후임자 순으로 팔을 끼워 넣는다.

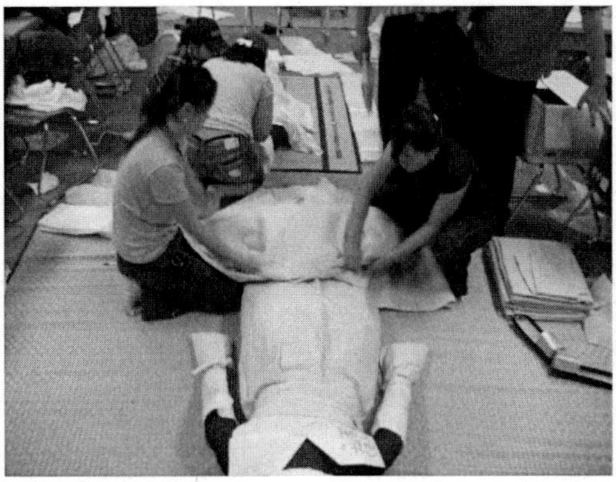
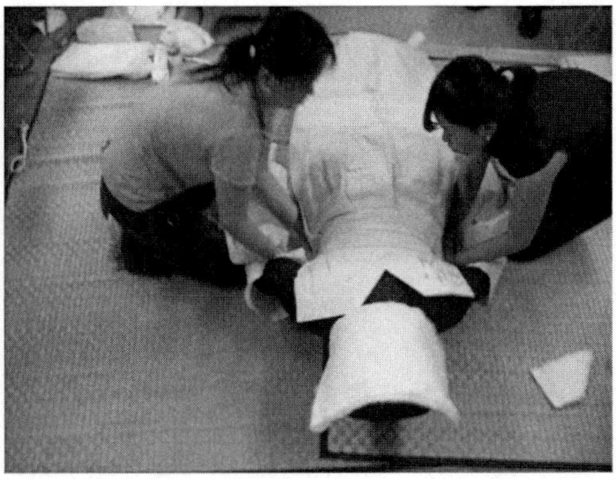

그림 3-20 ▶ 女 상의 입히기 1 : 상의 준비(좌), 몸통을 들어 올리면서 상의 입히는 과정(우)

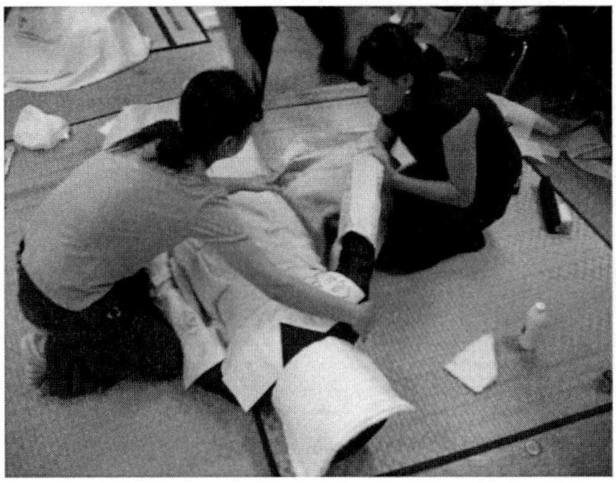
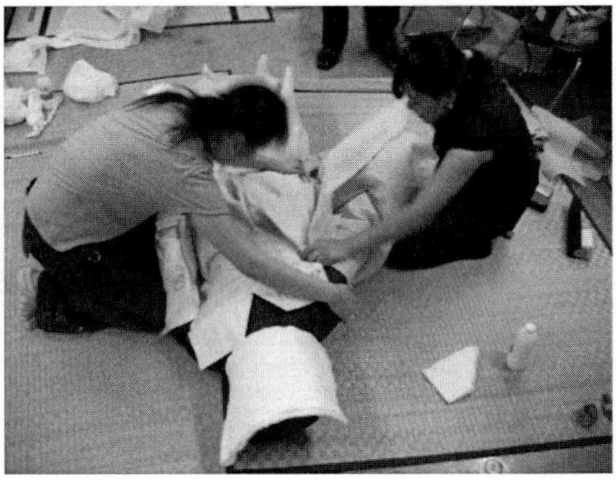

그림 3-21 ▶ 女 상의 입히기 2 : 우측 팔 끼우기

어깨를 손으로 들며 상의를 잡아당겨 어깨선을 맞춘 후 저고리-두루마기 순으로 후임자가 매듭짓고, 선임자가 도포 끈을 밑으로 넣고 후임자가 빼서 넘겨주면 선임자가 매듭짓는다. 그리고 후임자가 양쪽 다리를 들어주면 선임자가 상의 밑자락을 정리한다.

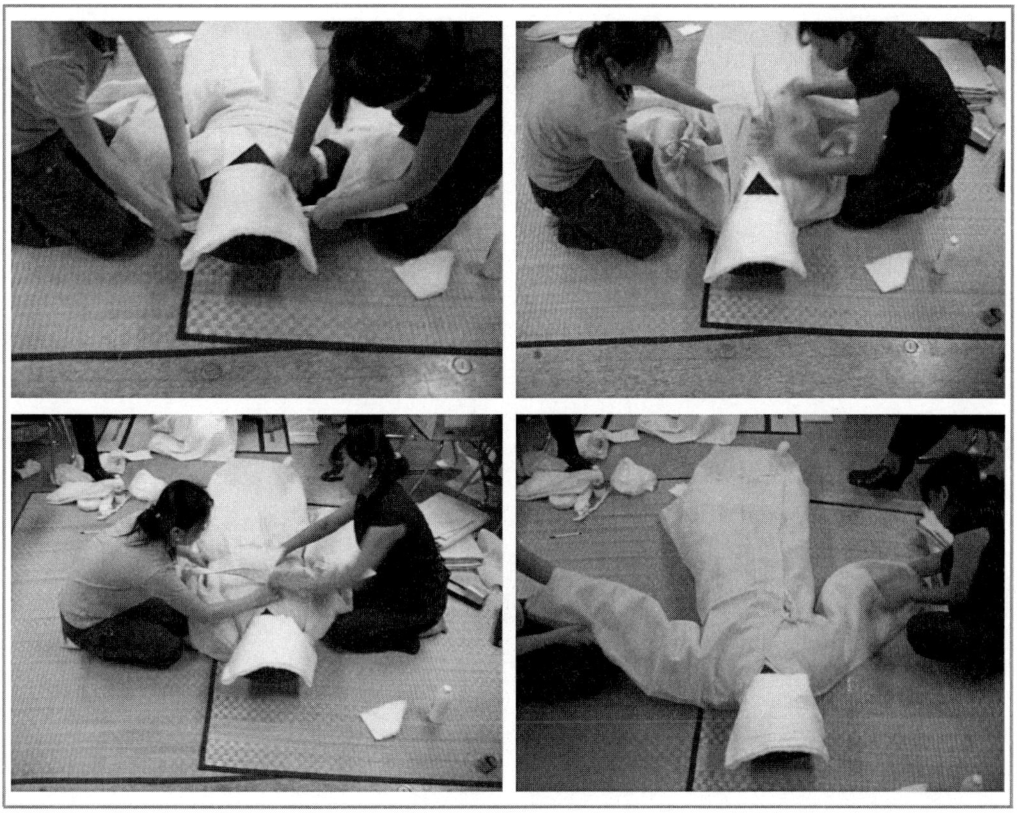

그림 3-22 ▶ 女 상의 입히기 3 : 저고리-두루마기 순으로 어깨선 정리 및 끈 매듭 정리

선임자는 머리 부분을 정리하면서 동시에 후임자는 아래쪽에서 발에 습신을 신기고 정리한다.

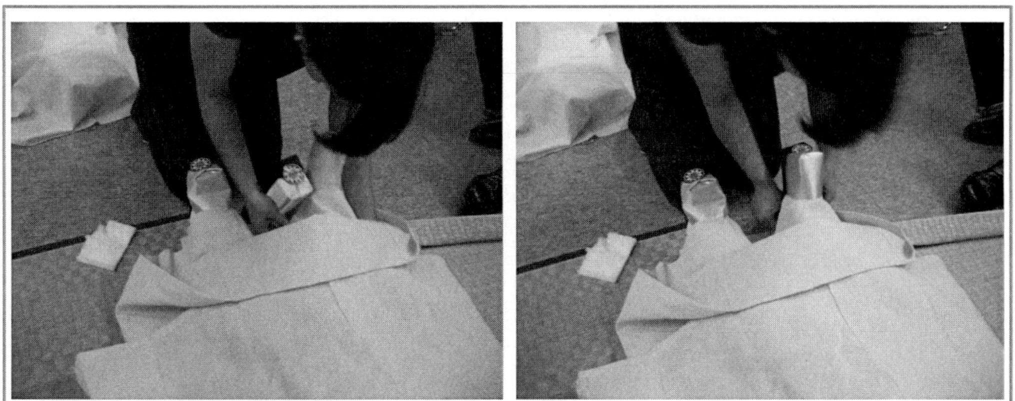

그림 3-23 ▶ 발에 습신 신기

선임자는 얼굴에 씌여져 있는 수시포를 벗기고 알코올 솜을 한 장 펴 얼굴에 덮어 둔다.

후임자가 선임자에게 알코올 솜을 양 손에 하나씩 건네주고 그 위에 작은 알코올 솜을 짜서 충분히 적신 후 선임자는 그 알코올 솜으로 고인의 머리를 감긴다.

고인이 남자인 경우 선임자가 머리를 감고 있을 동안 후임자는 면도기와 면도 크림을 준비하고 작은 알코올솜을 말아서 코마개 4개를 만든다.

선임자는 면도크림을 발라 면도를 하고, 만들어 놓은 코마개를 이용하여 코 안쪽을 세척한 후 알코올 솜을 이용하여 얼굴을 세척한다. 이 때 후임자는 고인의 발밑으로 가서 한지와 탈지면, 염습베게를 이용해 머리싸개를 만들어 놓는다.

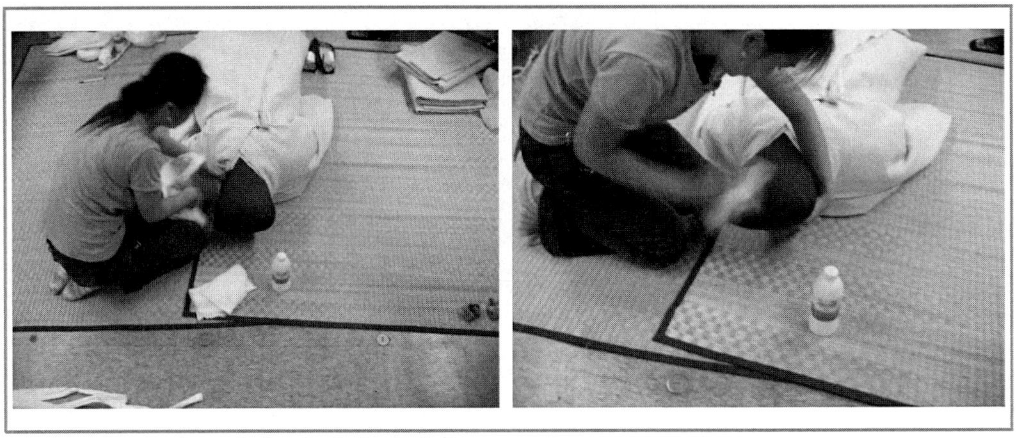

그림 3-24 ▸ 얼굴 닦기 및 머리 감기기

세척이 끝나면 선임자는 대기하고 있던 후임자에게 신호를 보내면 후임자는 머리싸개를 들고 선임자가 머리를 들어주면 머리싸개를 밑으로 넣어준다.

후임자는 선임자에게 스킨, 로션을 조금씩 덜어주고 선임자는 고인의 얼굴에 조금씩 펴 바른다. 고인이 여자인 경우에는 얼굴 화장(make up)을 개성있게 해주는 방법도 있다.

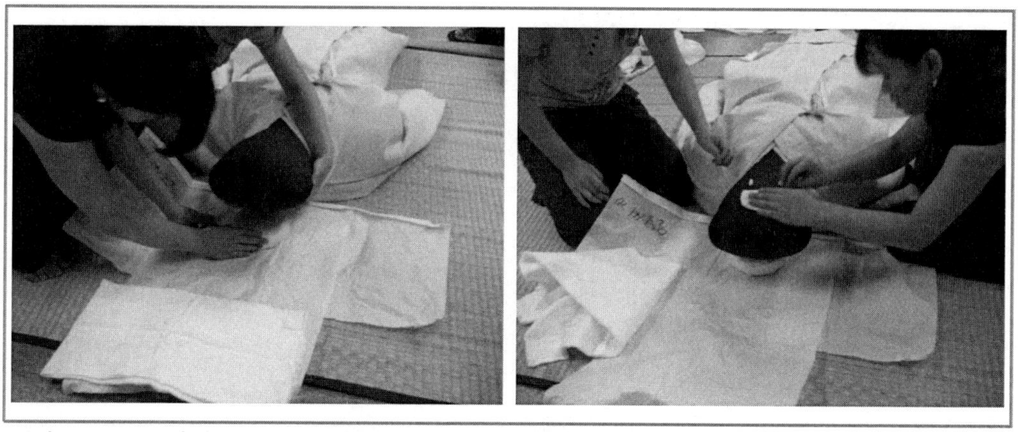

그림 3-25 ▶ 머리 싸게 설치(좌) 및 얼굴 정리(화장(化粧)(우)

염습 및 입관 과정

목욕과 정리
- 작업자 위치 선정[고인을 기준으로 왼쪽에 선임자, 오른쪽에 후임자]
- 수시포를 덮어 놓은 상태로 전신 마사지
- 알코올 솜으로 양쪽에서 팔-손-몸-다리-발 순으로 닦아준다
- 고인의 몸을 기울여 선임자 쪽으로 노출시켜 소독 및 하대정리

수의 입히기
- [지옷을 입히는 경우] 가슴-다리-배-팔-발 순으로 지옷을 입힌다.
- 발에는 버선, 손에는 악수 착의 후 끈 매듭 정리
- 하의 착의 [男 -속바지-겉바지의 순, 女-속바지-속치마-겉치마의 순]
- 허리끈, 발목에 바지자락 정리 후 대님
- 상의 착의 [男 - 저고리-두루마기-도포 순, 女- 속저고리-겉저고리-원삼 순]
- 어깨선, 저고리, 두루마기 끈 매듭 및 상의 밑자락 정리
- 습신 착화, 지메로 무릎 관절부터 순차적으로 어깨, 팔꿈치, 손목부위 묶음

얼굴정리
- 알코올 솜으로 고인의 얼굴을 닦고 머리를 감긴다
- 얼굴정리 [男 – 면도, 스킨로션, 女- make up]
- 고인에 대한 마지막 예 [종교인 종교의례 집전]
- 머리싸개를 덮고,턱보공, 면모-복건 순으로 얼굴과 머리에 씌운 후 매듭

메질 [대렴]
- 양 손을 정리하고, 세 개의 지메를 어깨-팔꿈치-손목 순으로 묶어준다.
- 매장시 관장을 하는 경우는 이 상태에서 입관[장례식장에 따라서]
- [탈관시] 장메와 지요, 베게를 넣어준 후 그 위에 천금을 덮고 장메로 묶음
- 메질 – 머리부터 아래로, 마지막 2장은 발쪽 에서부터 역순으로 묶음, 정리

입 관
- 관 내부정리 후 고인을 입관, 보공 정리, 천금과 염보 설치, 천판을 덮음
- 소창 및 결관, 공포 및 예단 설치, 명정 확인 후 관보를 덮는다
- 입관된 고인을 다시 안치냉장고에 안치

그림 3-26 ▶ 염습과 입관의 주요업무 내용

2.4.2. 반함(飯含)과 마지막 인사

후임자는 유족들을 염습실 안쪽으로 인도하여 마지막으로 고인의 얼굴을 가까이에서 참관할 수 있게 한다. 이때 작업자는 모든 작업을 잠시 중단하고 유족(또는 종교인)의 마지막 예를 올릴 수 있도록 기다린다. 모든 유족이 마지막 예를 올렸음을 확인한 다음 작업을 시작한다.

또한 전통 장례에서는 가족들이 함께 참여하여 반함(飯含)과정을 하게 된다.

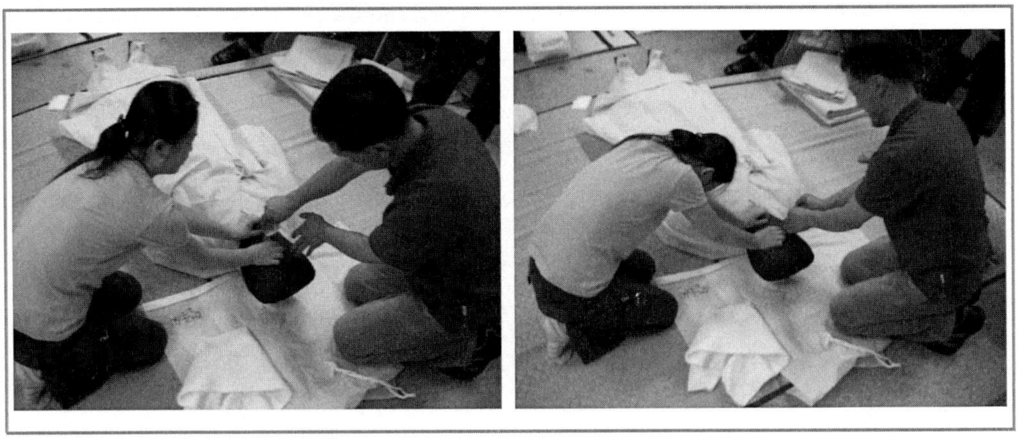

그림 3-27 ▶ 반함(飯含) 과정

반함은 새로 길은 물로 씻은 입쌀과 진주(眞珠)(구슬)를 준비하여 입안에 물리는 과정으로 저승길에 필요한 식량과 노자돈을 드리는 의식 절차이다.

얼굴을 잘 정리하여 씻기고 입안을 깨끗이 닦아내고 반함(飯含)을 한다. 먼저 물에 불린 쌀을 버드나무 수저로 세 번 입에 떠 넣는데 저승 가는 길에 필요한 식량을 의미한다. 쌀을 넣을 때 오른쪽과 왼쪽 그리고 가운데 모두 세 번을 넣되, 첫 숟가락을 넣으면서 "백석이요" 다음에 "천석이요" "만석이요" 하면서 소리를 지른다. 쌀에 이어 동전을 넣고 입을 다물게 한다. 동전이나 옥을 넣는 것은 저승길에 필요한 노자돈을 의미한다. 옛날에는 동전이 아니라 주옥(珠玉)을 넣었다. 현대의 장례식 과정에서는 반함과정을 생략하는 경우가 많다.

다음 과정은 머리를 싸는 과정이다. 유족들을 다시 참관실로 안내하고 계속해서 작업을 진행한다.

선임자가 머리싸개를 덮고 정리하면 후임자는 턱보공을 꺼내어 고인의 목에 채워 준 후 한지를 잘 정리한다.

그림 3-28 ▶ 머리 싸기 과정

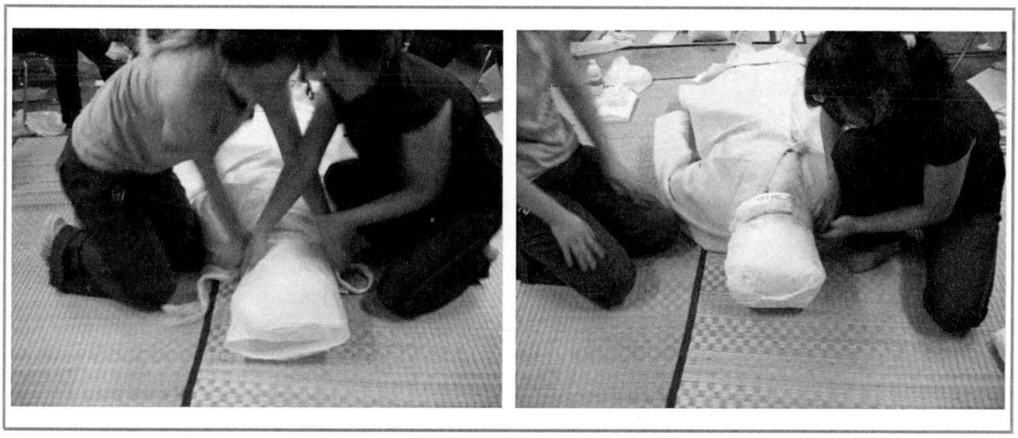

그림 3-29 ▶ 턱 보공 묶기(좌)와 정리 후(우)

후임자가 짧은 지메 하나를 고인의 무릎 밑에 넣고, 긴 지메를 선임자에게 준다. 습신이 신겨진 상태에서 후임자가 발을 모아주면 선임자가 지메로 발을 묶은 후 나머지 지메도 묶어준다.

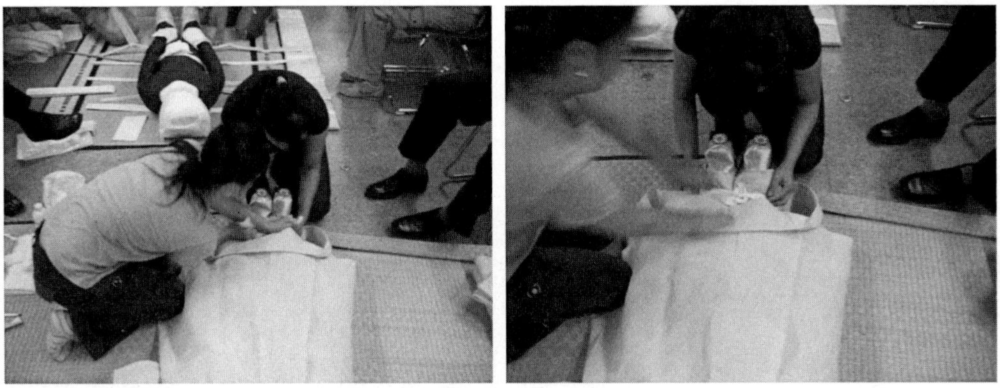

그림 3-30 ▸ 발을 모으고 지메를 이용해 발목을 묶는다.

선임자 및 후임자는 좌우에서 옷소매를 잘 정리하여 양쪽 팔을 배위로 정리하고 앞에서 넣어놨던 세 개의 지메를 어깨-팔꿈치-손목 순으로 묶어준다. 이 때 후임자는 어깨나 팔꿈치 부분을 양쪽에서 압박하여 모아주고 손목부분을 묶을 때는 포개어진 양손을 나란하게 펴준다.

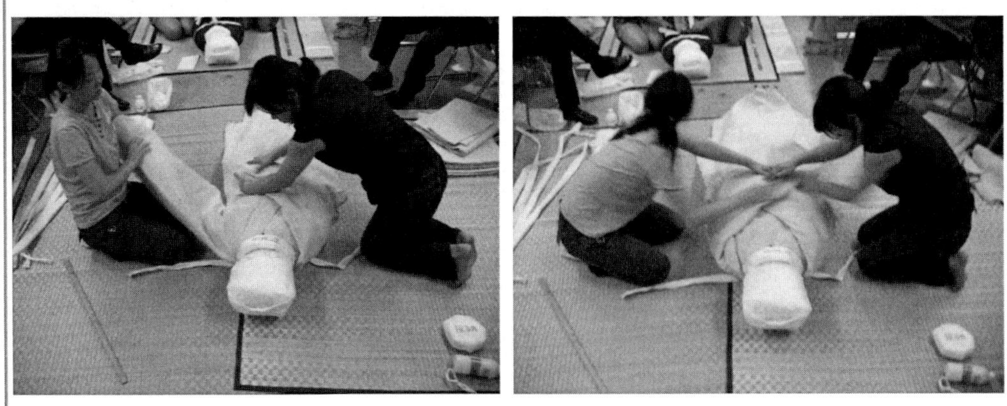

그림 3-31 ▸ 소매 정리(좌) 및 팔 정리(우)

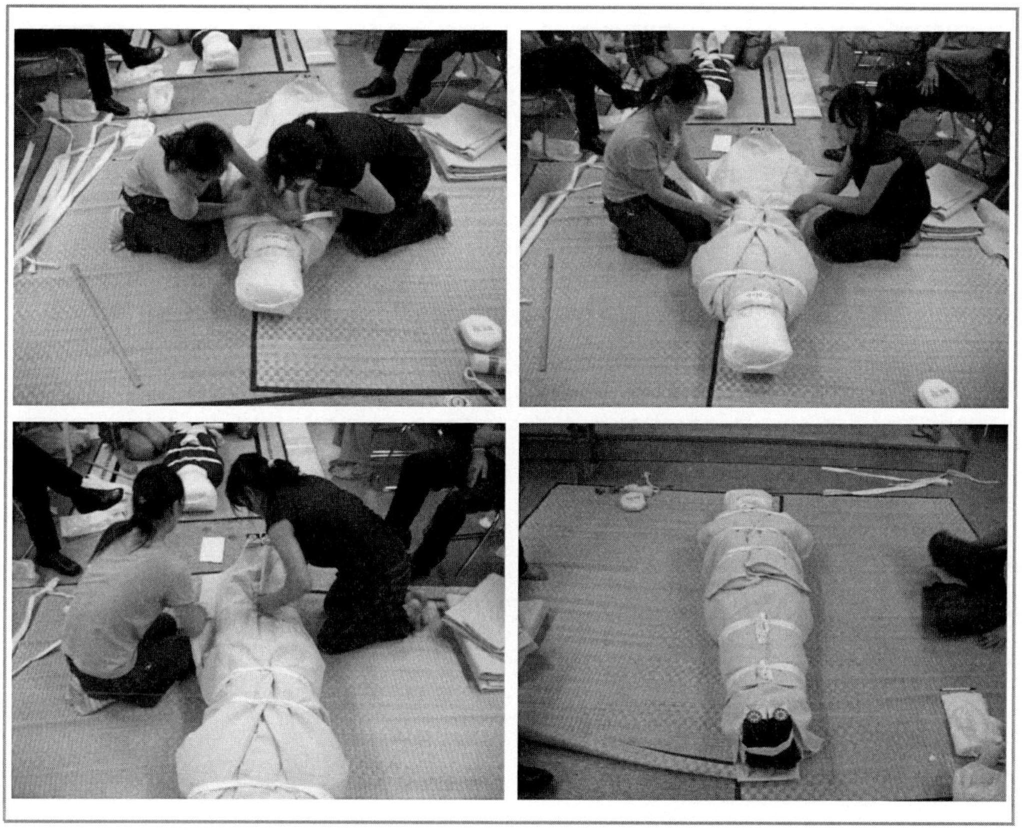

그림 3-32 ▶ 지메를 이용해 어깨-팔꿈치-손목-무릎 순으로 묶기(좌), 완성 후(우)

면목과 복건을 차례로 선임자에게 건네주고 선임자는 면모-복건 순으로 각각 얼굴과 머리에 씌운 후 매듭짓는다.

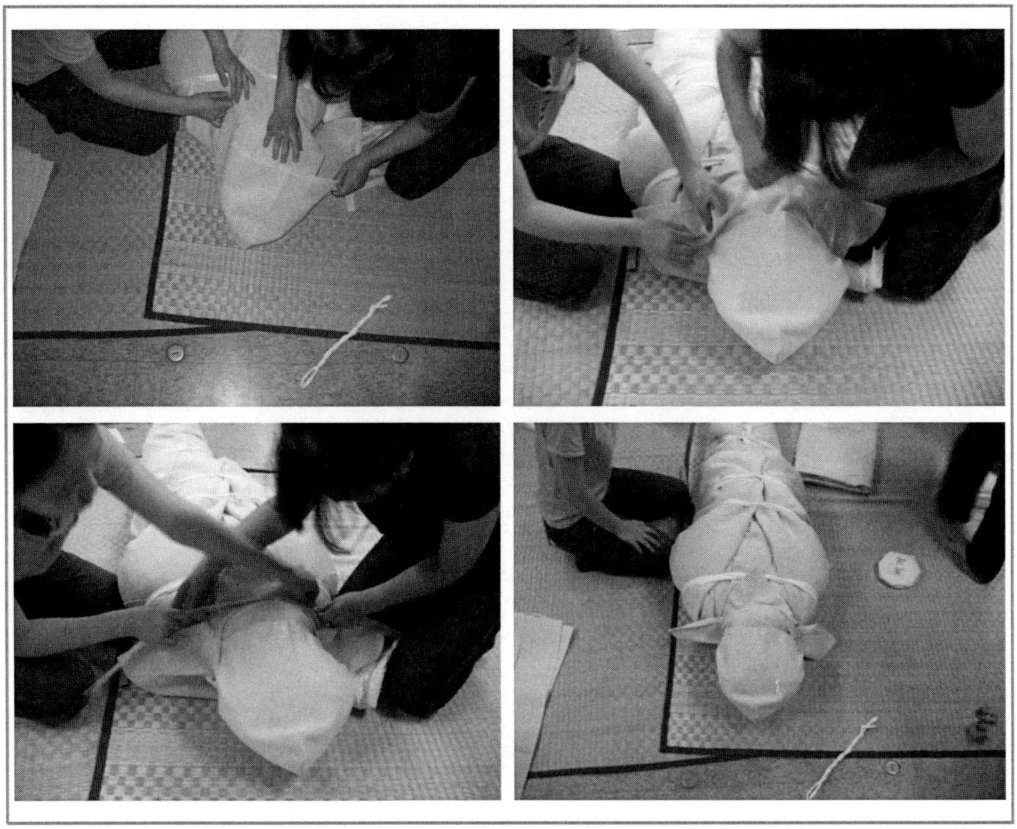

그림 3-33 ▶ 면목과 복건으로 얼굴 및 머리 싸기 과정

매장시 관장을 하는 경우는 이 상태에서 입관을 하며, 탈관을 하는 경우에는 장메와 지요를 깔고 묶은 다음 멧베로 감싸는 과정(대렴)을 한 다음 입관을 하게 된다.

2.4.3 매장 시 탈관을 하는 경우

준비한 베의 세 폭을 몸을 쌀 수 있는 길이로 잘라 가로로 7개를 준비하고 각 끝을 펼쳐 양끝을 각각 세 갈래를 한다.

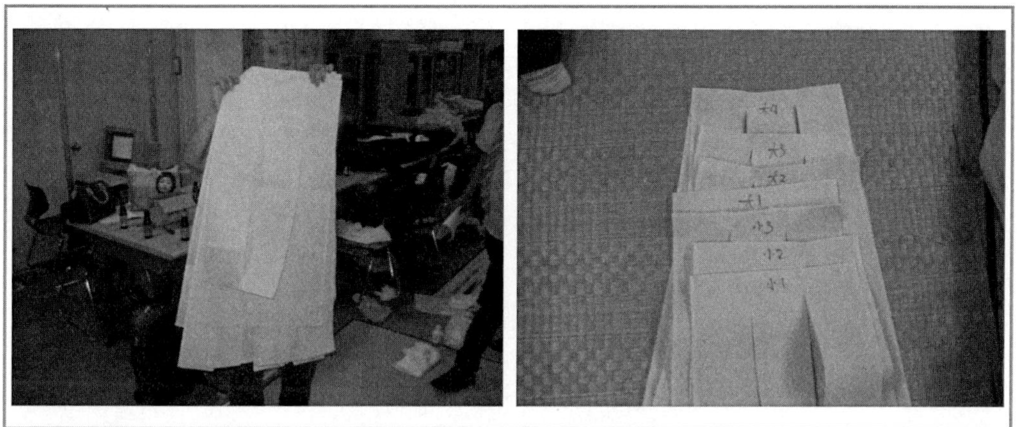

그림 3-34 ▶ 소렴을 위한 7개 가로메

장메를 시신의 머리와 발의 길이 방향으로 설치하고 그 위에 지요를 올리고 한 쪽부터 잘 말아서 선임자가 고인을 기울여주면 그 밑으로 넣어주고 다시 후임자가 반대쪽으로 기울여주면 선임자가 빼서 잘 펴준다. 고인의 머리 밑에 베개를 넣어준 후 그 위에 천금을 덮는데 이때, 이불 끝자락을 잘 펼치어 머리와 발쪽을 먼저 덮고, 왼쪽과 오른쪽 깃을 차례로 덮어 가지런히 정리한다.

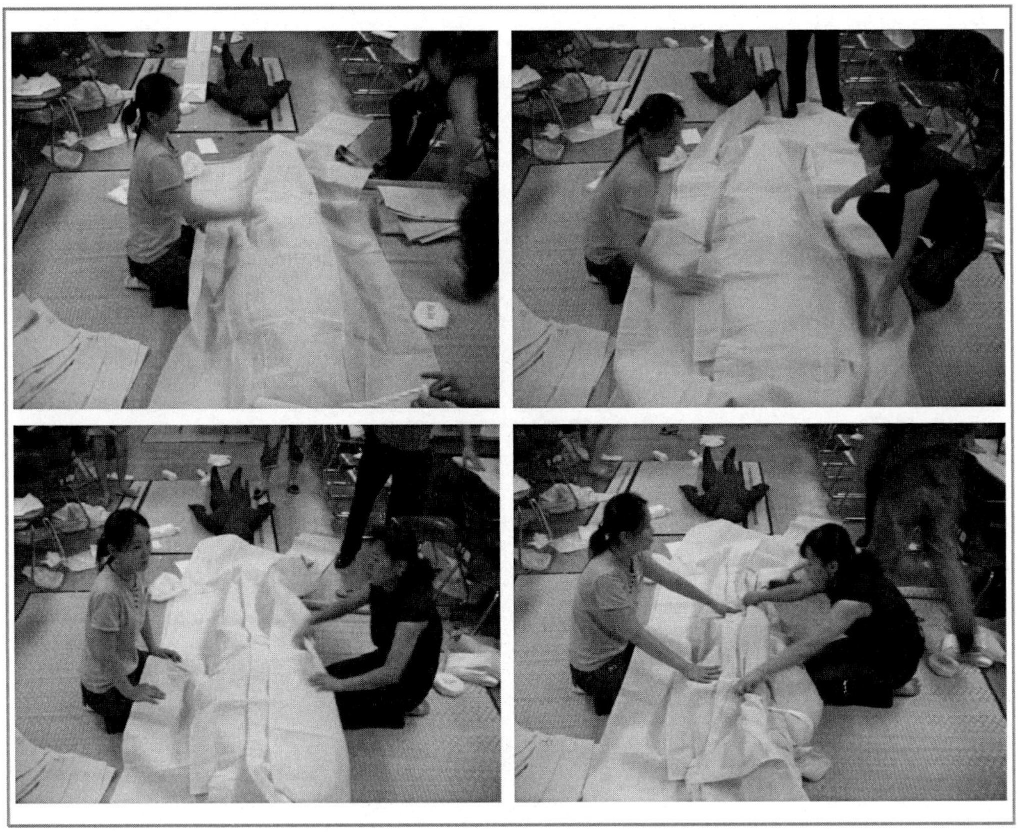

그림 3-35 ▶ 장메와 지요의 설치 및 준비 과정

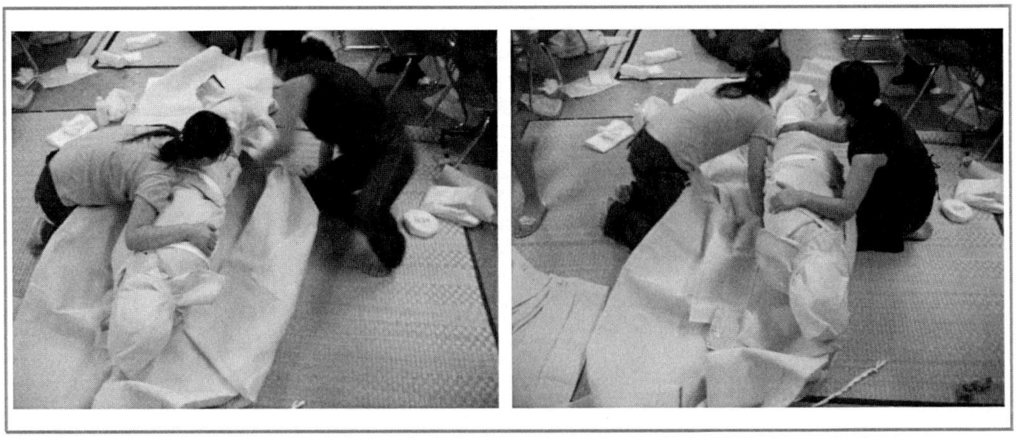

그림 3-36 ▶ 선임자 및 후임자가 장메와 지요를 고인의 밑에 설치하는 과정

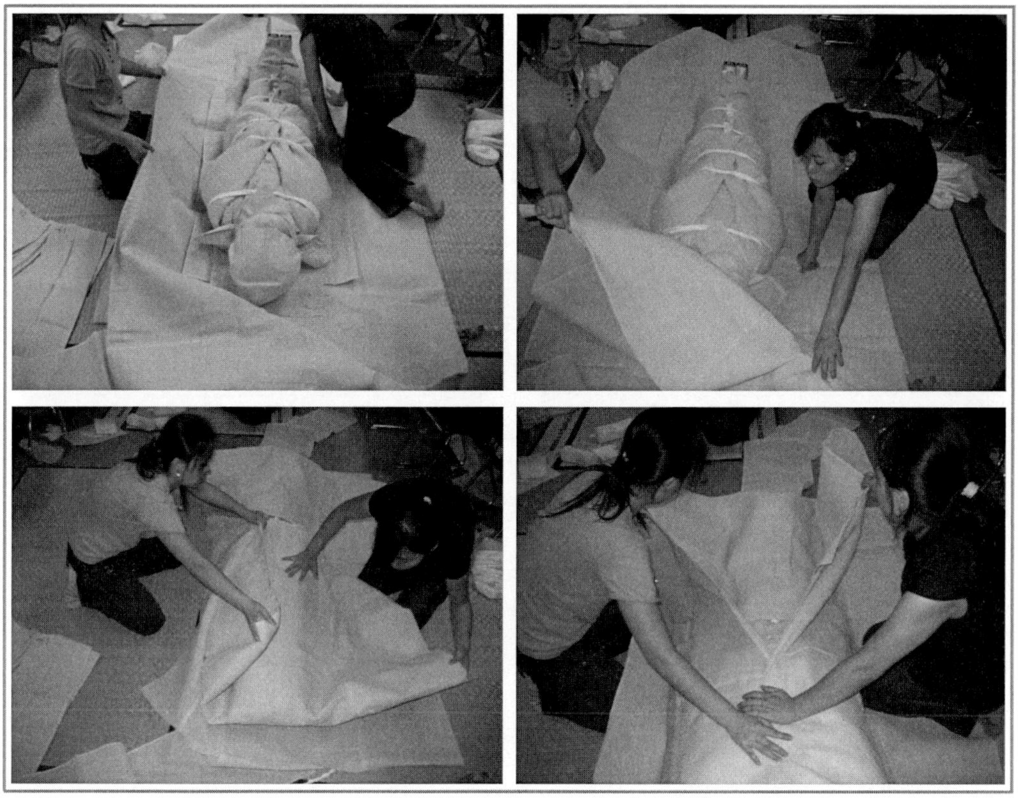

그림 3-37 ▶ 지요와 천금을 조우에서 정리하고 덮어주는 과정

멧베를 묶을 때 장메가 틀어지지 않도록 가운데 부분을 지메로 살짝 묶어준다. 선임자가 고인의 몸을 기울여주면 후임자가 멧베를 말아 밑으로 넣어준 후 다시 선임자가 반대쪽에서 말린 멧베를 잘 풀어준다.

처음 머리 부분은 장메를 안쪽으로 잘 갈무리 하고 멧베의 처음 두 줄은 엇갈려서 덮어주고 마지막 줄은 고인의 몸 정중앙 부분에서 선임자가 매듭지어준다.

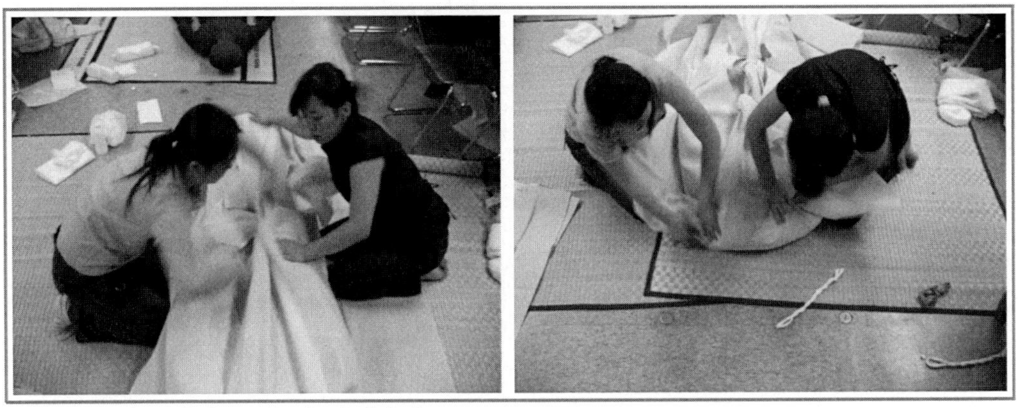

그림 3-38 ▶ 장메 묶기 및 정리과정

멧베 작업 시 후임자는 멧베가 틀어지거나 울지 않도록 주의하고, 어깨부위부터는 매듭시 고인의 몸을 양쪽에서 압박하여 선임자를 용이하게 해준다.

그 다음부터는 멧베를 하나씩 가져와 한 줄 한 줄 차례로 매듭지어준다.

고인의 신장에 따라 멧베를 놓는 간격을 조절하여 남거나 모자람이 없도록 한다. 멧베를 묶어 내려감에 따라 가운데 묶여있던 지메를 밑으로 당겨 무릎 부위에서 다시 묶어주고 나중엔 풀어버린다.

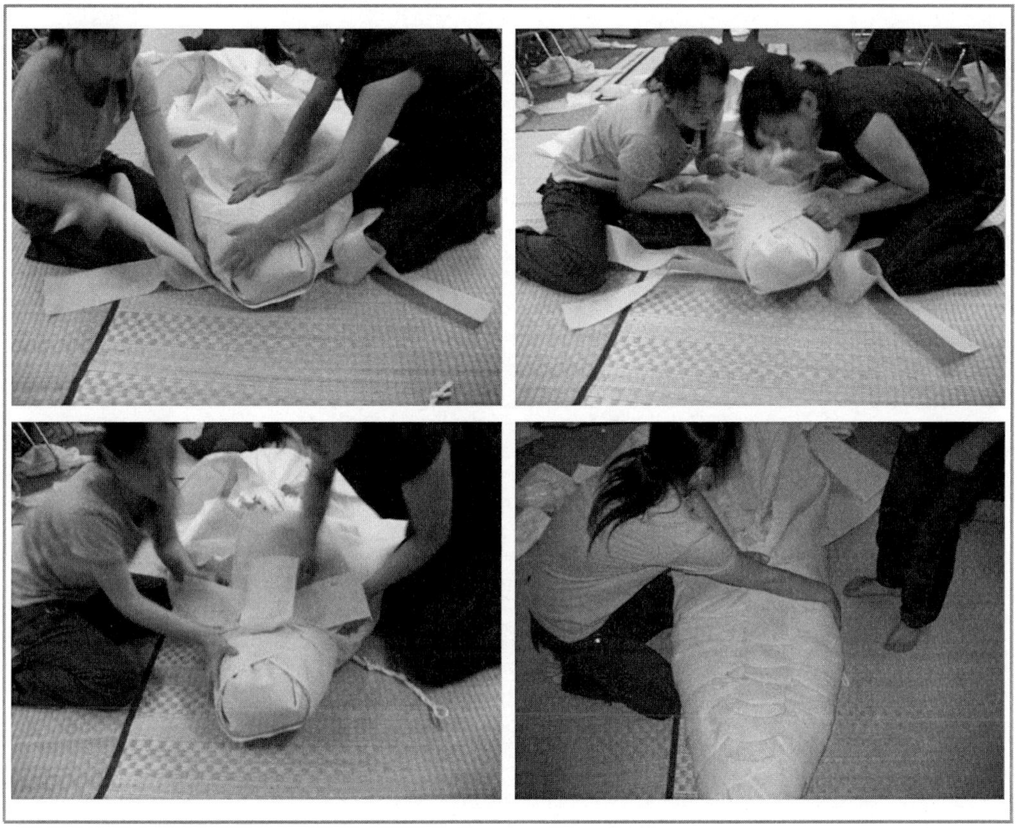

그림 3-39 ▶ 머리 쪽에서 몸통 쪽으로 묶는 과정

다리 쪽으로 묶어 내려가면서 마지막 2장을 남겨 놓고는 발쪽에서부터 역순으로 묶어준다. 머리 부분과 마찬가지로 먼저 장메를 안쪽으로 잘 갈무리 해 주고 처음 두 줄은 엇갈려 덮어 준 다음 마지막 줄에서 매듭지어준다.

마지막 멧베는 처음 두 줄은 매듭지어 주고 마지막 한 줄은 선임자와 후임자가 각각 양쪽에서 꼬아 묶여있는 멧베와 멧베 틈 사이에 빠지지 않도록 잘 갈무리 해 준다.

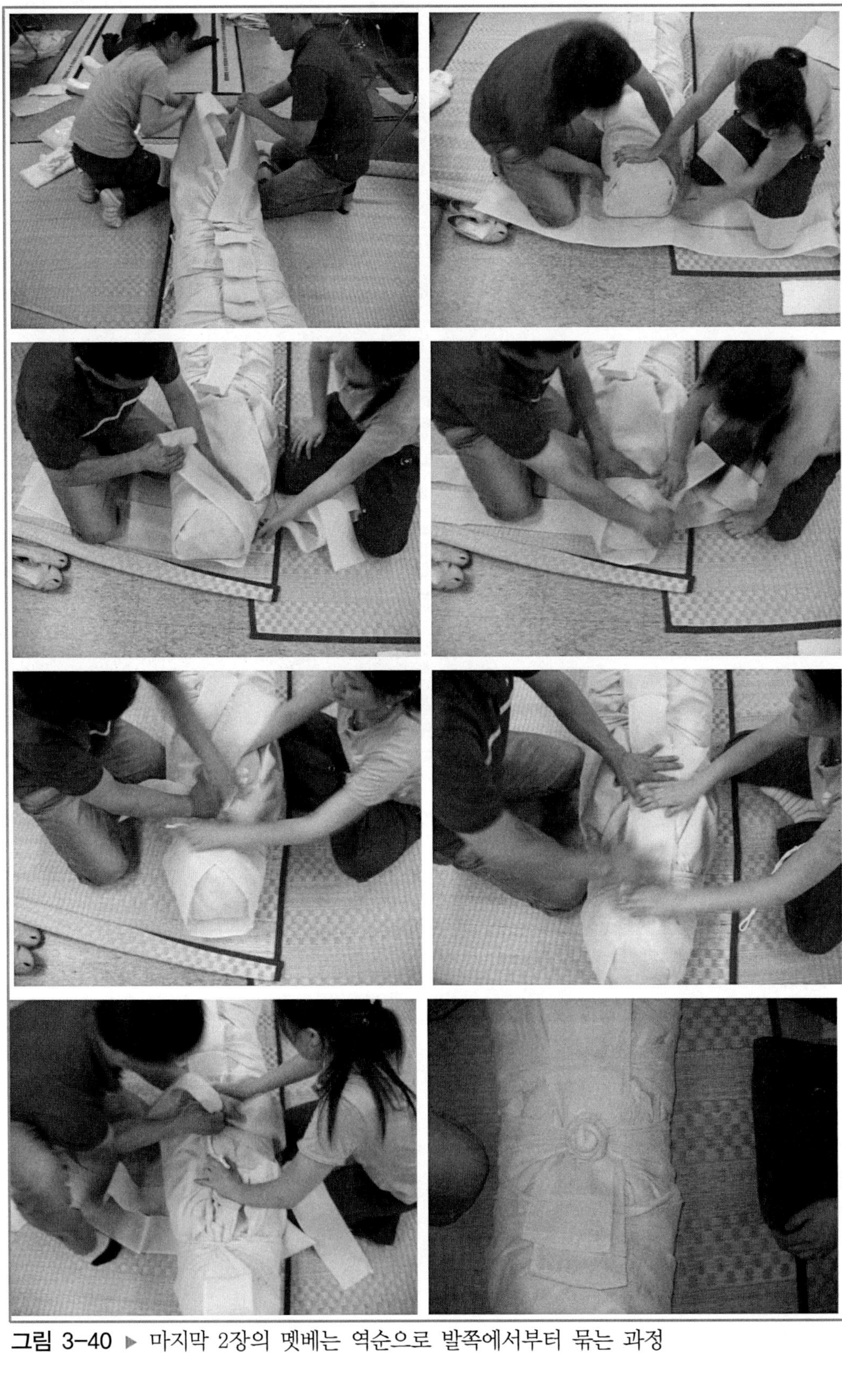

그림 3-40 ▶ 마지막 2장의 멧베는 역순으로 발쪽에서부터 묶는 과정

2.5 입관 및 재안치

입관하기 전에 관 내부를 깨끗이 정리한다. 최근에 만들어지는 관은 내부가 잘 정리된 것도 있지만 화장용관을 비롯한 대부분의 관은 작업자들이 내부 정리를 새로 하여야 하는 경우가 많다.

내부 청소 후 관의 바닥과 4면을 한지를 이용하여 덮어 정리한 다음 관 받침대에 올리고 관을 안치대 옆에 붙여놓고 고인을 입관한다.

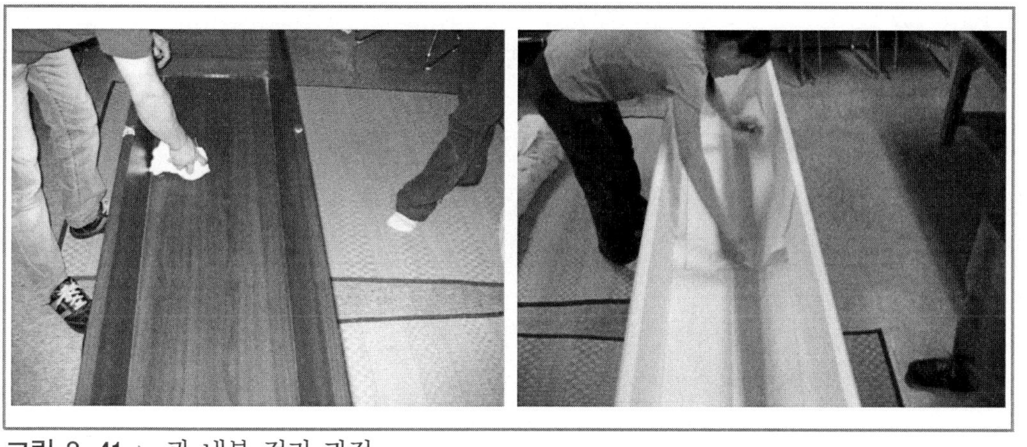

그림 3-41 ▶ 관 내부 정리 과정

입관은 매장을 하는 경우 하관(下棺) 방법에 따라 방법을 달리하여야 한다. 매장을 할 때 특히 탈관을 하는 경우에는 탈관 시 고인을 들 수 있도록 3가닥의 끈(멧베 또는 소창)을 미리 준비하여 입관 한다. 그러나 관을 그대로 매장하거나 화장을 하는 경우에는 이들 끈을 준비하지 않고 시신만 입관한다.

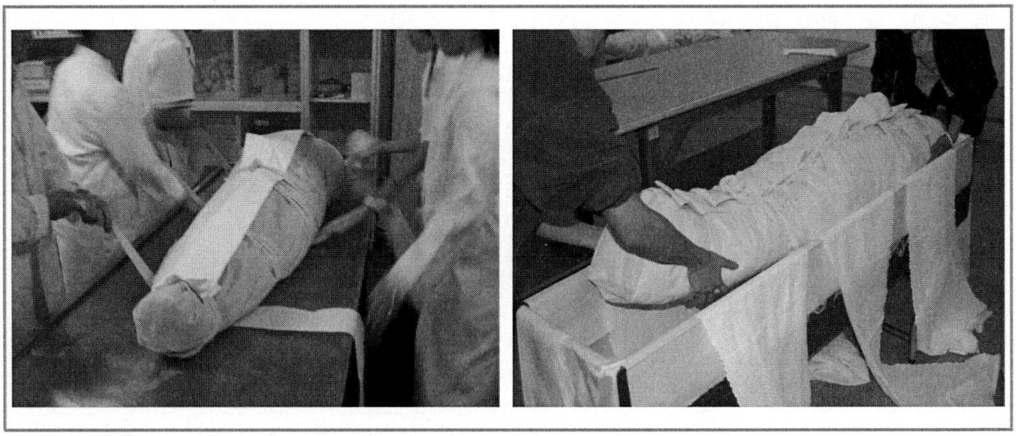

그림 3-42 ▶ 탈관을 할 경우 들 끈을 이용한 입관 과정

입관 과정에 상주의 동참을 유도하며, 상주는 고인의 몸을 받치게 하고, 작업자는 머리쪽과 발쪽을 들어 천천히 입관한다. 입관 후에는 고인이 이송 시에 흔들리지 않게 보공으로 관의 빈 공간을 채워 시신이 관 안에서 흔들리지 않도록 한다.

관의 사방에 펴놓은 한지나 관 이불을 덮어드리고, 경우에 따라서는 가족들이 준비한 물품(종교에 따라서 성경책, 다라니경 등) 을 함께 넣는다.

천판(관의 뚜껑)을 덮고 못을 박는다. 관 위에는 한지, 공포, 폐백, 운아 및 예단 등을 넣어 드린다. 명정(銘旌)을 덮고 관보를 씌운다.

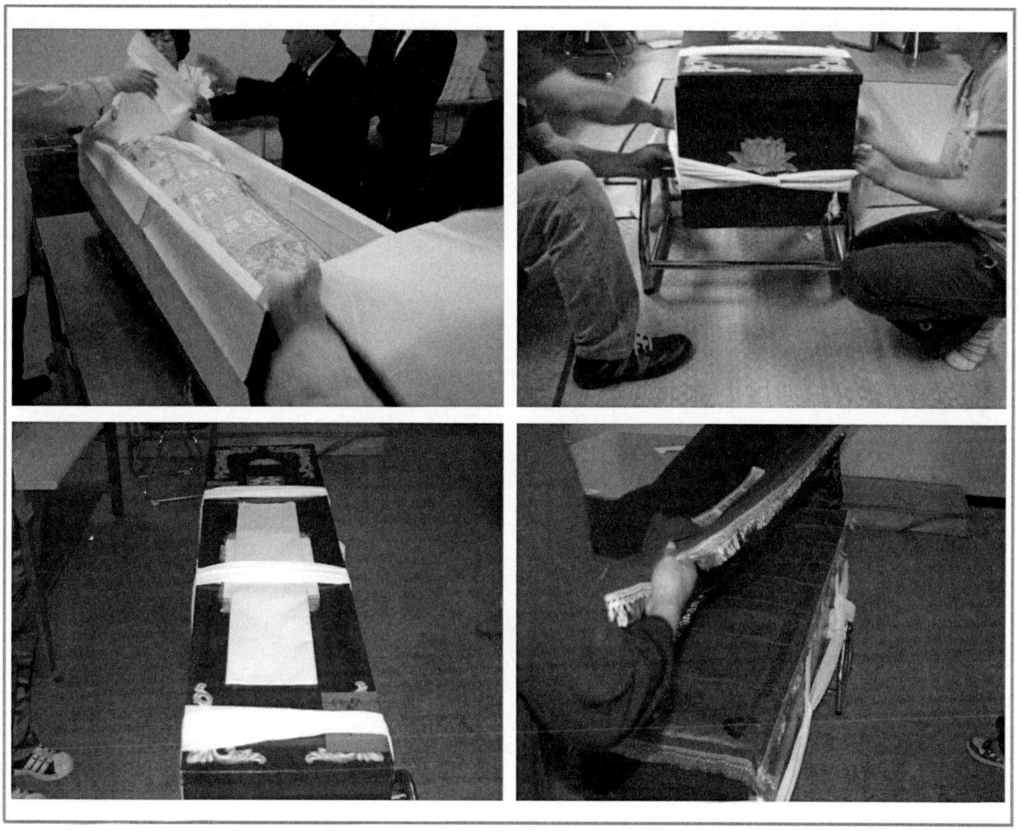

그림 3-43 ▶ 입관과 결관 과정

선임자가 상주를 불러 관 하단에 고인의 이름을 쓰게 하는 동안 후임자는 결관을 할 소창을 준비한다. 선임자와 후임자가 관에 소창을 엮어가며 각각 양쪽에 세 개의 매듭으로 결관을 한다. 관장일 경우 위쪽의 관과 묶여진 소창 사이에 한지 두 묶음과 공포, 예단을 넣어준다. 명정을 덮고 상주에게 명정을 확인 시킨 후, 관보를 덮는다.

관을 다시 안치냉장고에 안치한 후 냉장고를 잠그고 상주에게 염습이 끝났음을 알리고 인사를 한다.

그림 3-44 ▶ 입관 후 재안치

2.6 시신처리와 위생관리

염습 및 입관 과정은 고인을 나신(裸身)상태로 작업을 하게 되고 그에 따라 고인에 대한 존엄성과 함께 작업 과정에서 소홀함이 발생 될 수 있다. 따라서 한 인간의 존엄성과 더불어 고인에 대한 최대한 예를 갖추고 작업에 임하도록 한다.

사망자는 사망원인이 복합적인 경우가 대부분이기 때문에 작업자는 명확한 사망원인을 알 수 없다. 따라서 모든 사체로부터 감염의 위험성을 간주하고 작업 시에는 철저한 위생장비(염습 장갑, 위생마스크, 위생가운)를 착용 하여야 한다.

작업시 사용했던 기구는 세척 후 알코올 등 소독약품으로 철저히 소독하여 보관하고, 마스크와 장갑은 일회용으로 사용 하여야 한다. 위생복은 염습실 내에서 벗어 보관하거나 소독장에 보관하고, 세탁을 할 경우에는 집으로 가지고와 일반 의복과 함께 세탁을 해서는 않되며, 전용 세탁을 하는 것을 원칙으로 하고, 손은 손소독제를 이용하여 철저히 세척·소독한다.

개인 보호장비로 마스크, 장갑, 위생복 모두를 사용할 때는 마스크를 먼저 쓰고 위생복, 장갑 순으로 착용한다. 사용후 벗을 때는 장갑을 먼저 벗고 위생복을 벗은 다음 손을 씻고난 다음 마스크를 제거한다.

특히 사망원인이 결핵, 바이러스성 간염, 기타 병원성 감염성 질환에 의한 사망자인 경우에는 호흡기 감염, 상처를 통한 피부 감염, 체액성 감염 등에 더욱 조심하고 철저한 개인위생장비를 착용하고 작업에 임하여야 한다. 그 밖에 칼이나 가위 등을 사용하므로 다치지 않게 주의한다. 정리가 완료 되면 염습 등 위생처리 관리대장을 작성하고 관리한다.

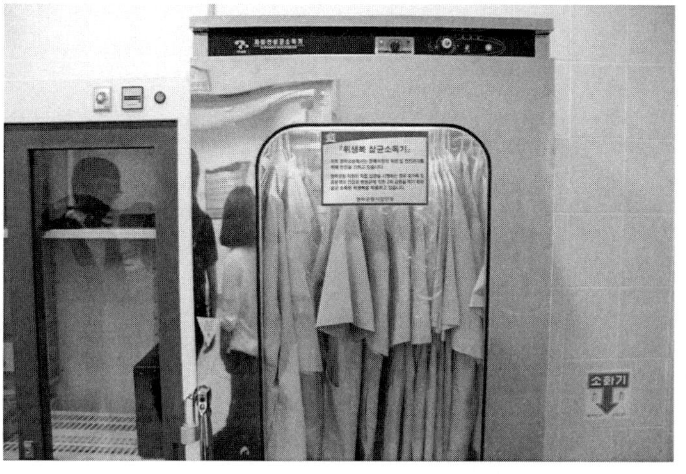

그림 3-45 ▶ 위생복 살균 소독기에 보관하고 있는 위생복

3. 현대의 올바른 시신위생처리와 장례연출

최근 우리나라 장례절차에서는 시신처리(염습 및 입관) 과정에서 잠깐 고인의 얼굴을 접할 수 있는 기회가 있을 뿐 고인을 운구한 다음부터 시신처리가 종료되면 사망자의 얼굴을 전혀 볼 수 없다는 점과, 사망자를 머리부터 발끝까지 묶는 방법이 외국과는 다른 점이다.

이는 우리의 전통이라는 명분으로 지금까지 많은 장례식장에서는 답습해 오고 있다. 그러나 외국에서 장례를 경험하였거나 국내 저명인사자 종교 지도자들이 묶지 않고 깨끗하고 잠자는 모습의 고인을 접할 수 있는 장례식을 경험 한 사람들은 묶는 장법을 싫어한다.

그래서 우리의 시신처리 방법도 시대 요구에 따른 변화가 필요하다고 본다. 고인 또는 유족이 원하는 시신처리법에 따라 아름답게 꾸미고 삼베나 명주의 수의가 아니라 살아생전 가장 즐겨 입는 깨끗한 옷을 수의로 하고 사망 후에도 마치 잠자는 모습으로 마지막 작별할 수 있는 장법(葬法) 개발이 필요하다.

다음은 미국 시신처리법을 기본으로 해서 고인과 유족 중심의 보여주는(viewing) 장례문화를 위한 시신처리법을 소개하고자 한다.

3.1 시신에 대한 과학적 접근과 감염관리

올바른 시신위생처리를 하기 위한 첫째 과정은 고인에 대한 법적 문제와 시신 취급에 대한 면허 또는 자격증 소지자에 의한 시신 취급이 이루어져야한다.

죽음에는 반드시 여러 가지 원인이 있기 때문에 사망과 더불어 법적 근거서류가 되는 사망진단서 혹은 사체검안서가 발급 된다. 그러나 사망자가 발생되면 사망자 처리에 앞서 사망관련 서류가 발급 되는 것이 아니라 행정 처리 과정을 거친 다음 시간적 간격을 두고 이러한 서류들의 발급이 이루어진다.

일부 의료 기관에서는 사망자 발생과 동시에 사망자의 간단한 인적사항과 취급시 주의 사항이 기록된 사망통보고서가 발급되기도 하지만 통일화 되어 있지 못한 실정이다. 따라서 대부분의 사망자 운구 과정에서는 사망자의 사망원인에 대한 아무런 정보도 없이 운구가 이루어지고 있어 사망자 운구에 대한 표준화가 없는 실정이다.

사망자 운구는 사망진단서가 발급되기 전에 이루어지는 현실을 감안하여 사망자 발생과 동시에 의무적으로 사망원인이 표시된 사망통보서가 발급되고 사망자 운구와 동시에 이송되어 장례식장 등에서 사망자의 취급과 관련하여 감염 관리에 대한 주의를 할 수 있도록 하여야 한다.

시신을 취급함에 있어 무엇보다 중요한 것은 시신으로부터 감염관리이다. 작업자는 사망원인을 먼저 확인 하고 사망원인에 대한 병리학적인 지식과 감염관리 사실을 인지하여 시신으로부터 감염이 이루어지지 않도록 보호 장구를 착용하고 시신 취급을 할 수 있도록 하여야 한다.

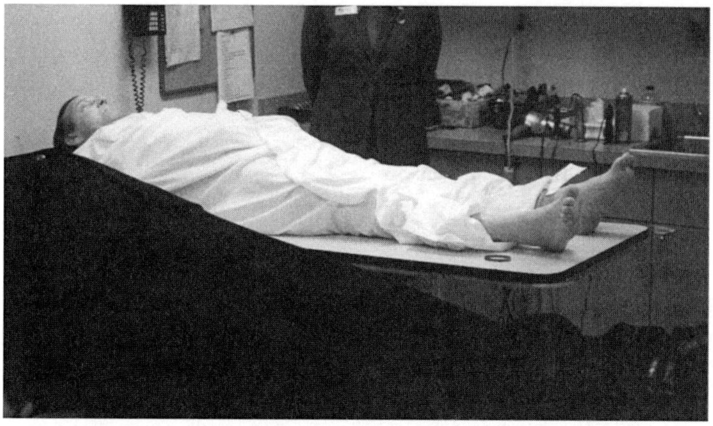

그림 3-46 ▶ 사망자(미국)의 발목에 부착된 사망확인표

3.2 시신의 존엄성과 과학적인 위생처리

올바른 시신위생처리를 하기 위한 둘째 과정은 시신의 탈의, 분출물처리, 소독 및 목욕을 위생적이고 고인의 존엄성을 살리는 방법으로 한다.

장례식장의 작업자에 따라서는 운구 후 수시 과정이나 염습을 하기 전에 사망 전 또는 사망 후 가족이 고인에 입혀드린 외의(外衣)를 벗기기 편리하기 위해 가위로 절개하는 경우가 많다. 고인이 입고 있는 옷은 고인의 또 다른 중요한 유품이다.

따라서 작업자들은 탈의를 하는 과정에서 작업 시간이 다소 길어지고 불편하더라도 속옷은 절개 하더라도 겉옷은 잘 벗겨 세탁 보관하여 유족에게 돌려주어 유족들로 하여금 처리 할 수 있도록 한다.

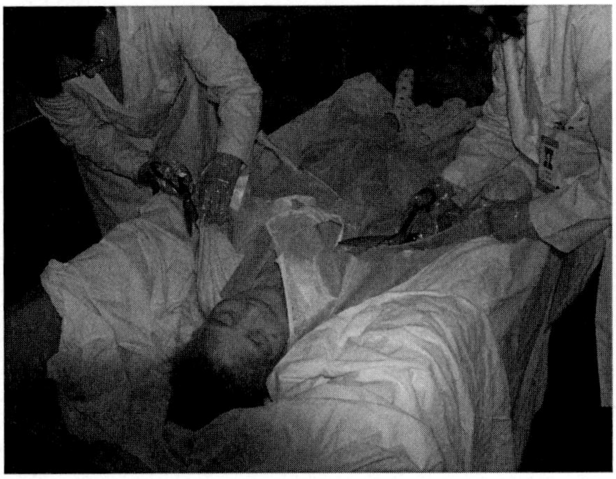

그림 3-47 ▶ 가위를 이용한 탈의 과정

만약 운구 도중이나 안치된 후 시신에서 체액 분출물이 발견 되는 시신에서는 분출물 처리가 중요하다.

최근 의료기술이 발달하면서 질병 치료방법과 그에 따른 치료 기간이 길어짐에 따라 완쾌하지 못하고 사망한 경우 사후 시신에서는 구강과 비강 등을 통해 체액이 분출되는 사례와 함께 심한 욕창을 보이는 사망자들이 많아지고 있다.

현재 많은 장례지도사들은 사후 배출되는 체액의 처리 방법으로 솜을 이용하여 닦아내거나 시신의 체위를 변형하여 쏟아낸 다음 솜으로 비강이나 구강을 막는 방법으로 처리하고 있어 이는 비위생적이고 비과학적인 방법이라 할 수 있다.

최근에는 체액 분출을 막기 위해 비강, 구강 및 항문 등에 화학약품을 주입하여 막는 방법을 사용하는 경우도 있지만 많은 체액이 분출되는 경우에는 화학약품만으로 체액분출을 막을 수 없다. 따라서 근본적인 처리가 중요하다.

비강이나 구강 등으로 체액 분출이 예상되는 시신에서는 체액 흡입기(suction pump)를 이용하여 먼저 체액을 충분히 흡입 한 다음 솜이나 화학약품으로 막거나 처리한다.

흡입기를 이용 하여 분출 체액을 처리하게 되면 솜으로 닦아내거나 쏟아낼 때 발생되는 감염 및 오염으로부터 안전한 작업 방법이 되며, 나아가 작업자와 주변 환경의 공중위생의 중요한 관리 방법이 된다.

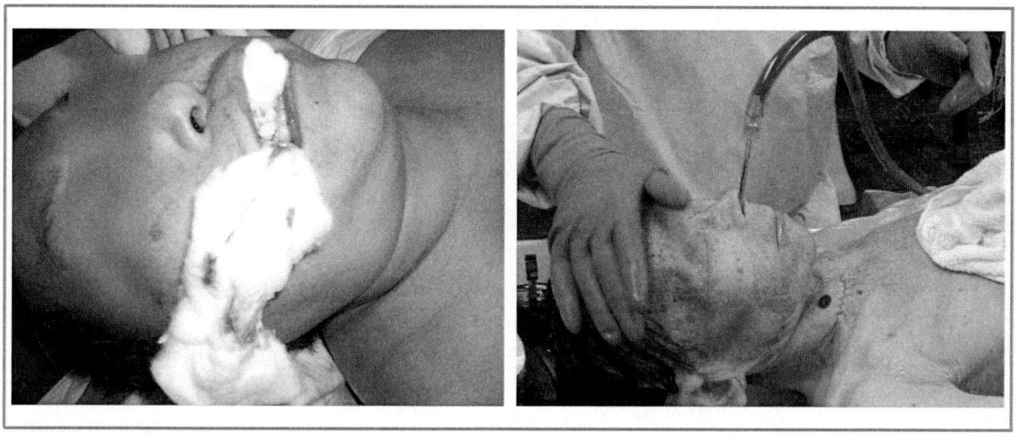

그림 3-48 ▶ 체액 배출 시신에서 솜을 이용한 처리(좌)와 흡인 처리과정(우)

욕창이 보이는 시신 특히, 엉덩이 항문 쪽에서 발생된 욕창인 경우 변 냄새와 함께 조직의 부패로 인한 냄새가 많이 발생되기 때문에 처리가 중요하다.

장례식장이나 작업자에 따라서 항문 부위를 처리하는 방법으로 솜과 한지로 만든 하대를 이용하는 경우가 많다. 솜과 한지로 만든 하대를 이용한 처리 방법은 한계가 있다.

염습 과정에서 알코올 등으로 소독 처리는 하고 있지만 복부 압박으로 발생되는 체변이나 그로인한 냄새 또한 완전히 제거할 수 없기 때문에 과학적이고 근본적인 처리가 중요하다. 먼저 욕창부위는 알코올을 이용하여 깨끗이 소독 정리하고, 체액 발생을 최소화하기 위해 분말가루약을 처리하며 넓지 않은 부위는 테이핑을 하거나 성인용 기저귀를 착의 하도록 하여 수의를 입히거나 가까이 접근했을 때 냄새 발생이 없도록 한다.

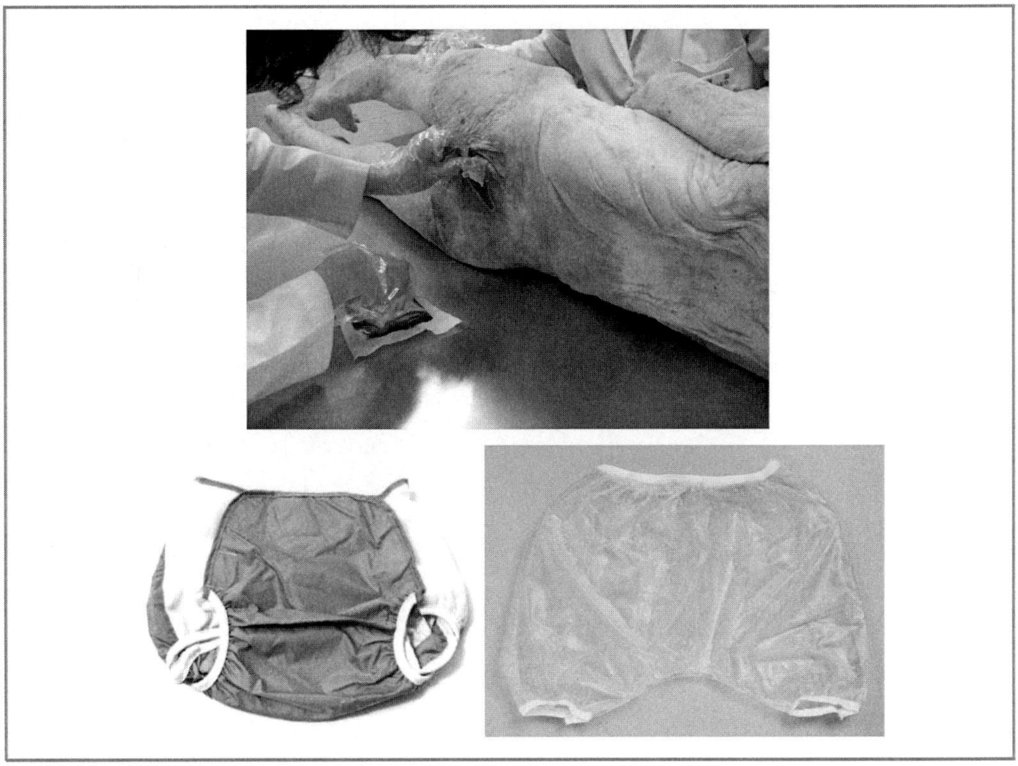

그림 3-49 ▶ 욕창 사망자(위)를 위한 기저귀(아래-좌) 및 플라스틱 내의(아래-우)

시신처리과정에 유가족 대표가 함께 참여하는 것도 바람직하다. 유가족 참여에 앞서 작업자는 고인의 탈의가 이루어지면 구강, 비강, 항문, 비뇨생식기 등과 욕창, 수술상처 부위 등에는 알코올 등을 이용하여 깨끗이 소독을 먼저하고 유가족을 참여하게 한다.

머리, 얼굴, 몸, 손발 등 사지는 유족 대표가 함께 참여한 상태에서 따뜻한 물을 이용하여 깨끗이 닦아주거나 목욕을 해 주고 면도 등 얼굴 정리를 함께 하도록 한다.

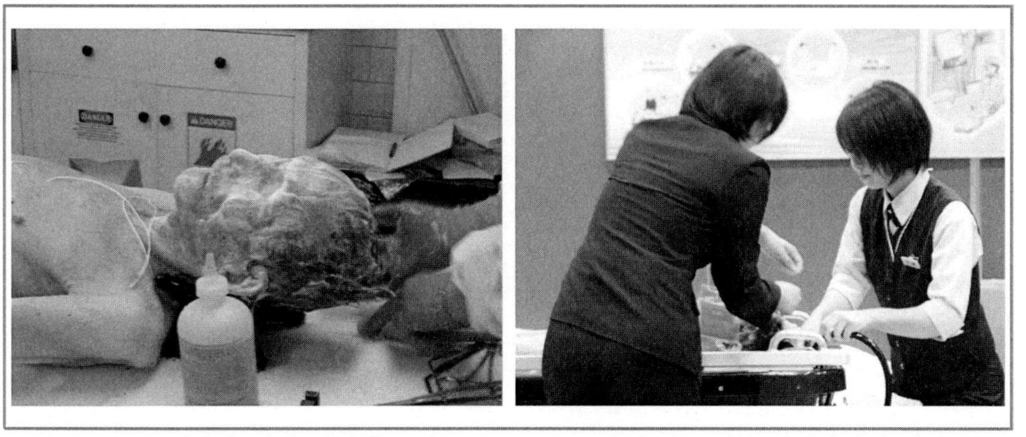

그림 3-50 ▶ 세안과 머리 감기기 : 미국 Embalming과정(좌), 일본 장례박람회 시연회(우)

3.3 생전 모습으로 얼굴 교정

올바른 시신위생처리를 하기 위한 셋 째 과정은 편안한 얼굴로 교정 및 정리한다. 고령(高齡)이 되면 틀니나 구강 구조가 변형되어 사망 후 대부분은 입이 벌어지고 안구는 안압이 감소되어 함몰 되는 경우가 대부분으로 이런 사망자의 경우는 교정이 필요하다.

현재 대부분의 장례식장에서 행해지고 있는 고인의 벌어진 입을 다물게 하는 방법으로 솜과 한지를 이용하여 턱 보공을 만들어 부착하거나 솜을 구강 내에 삽입하여 함몰된 뺨을 교정하는 방법을 사용하고 있다.

벌어지거나 함몰된 구강은 구강 교정기(mouse former)와 턱 교정법을 적용하여 구강 교정을 하게 되면 보다 자연스러운 입술과 얼굴 교정이 가능하다.

함몰된 눈은 안구교정(eye cap)을 이용 하거나 솜을 이용하여 살아 잠자는 듯한 모습의 안구 형상으로 교정해 주는 것이 바람직하다.

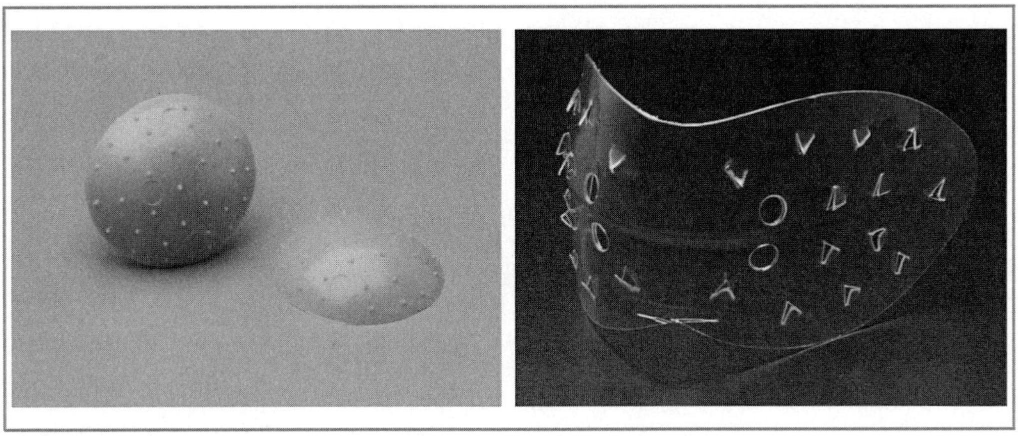

그림 3-51 ▶ 안구교정기(eye cap)과 구강교정기(mouse former)

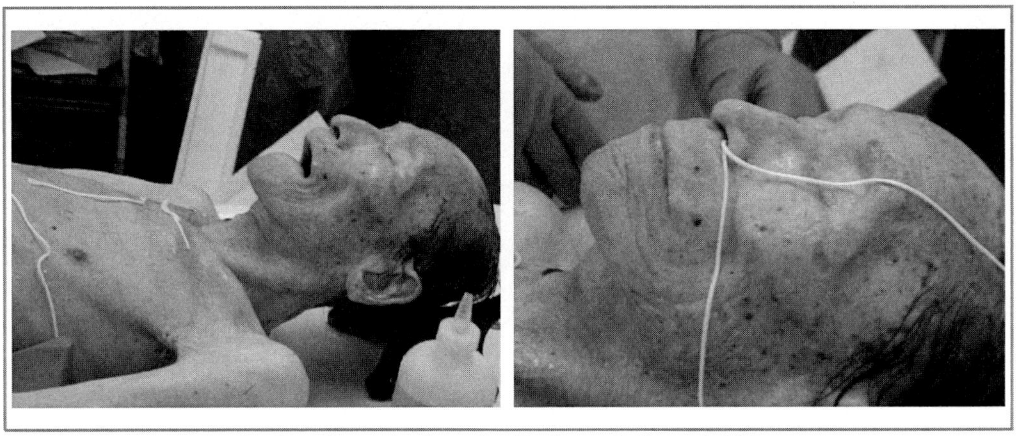

그림 3-52 ▶ 구강 및 안구의 교정 전 모습(좌)와 교정 후 모습(우)

머리(hair) 손질은 샴푸로 감기거나 시설이 완벽하지 못한 경우 깨끗이 닦고 말려 손질 하도록 한다. 특히 머리 손질은 사망자에 따라서 신중한 처리가 요구된다. 사망 전 항암치료 등으로 인해 탈모가 심하게 일어나거나 모근이 약해진 경우 탈모가 발생될 수 있기 때문에 조심스럽게 머리손질이 이루어질 수 있도록 한다.

남자의 경우에는 면도가 필요하며 얼굴 건조를 막기 위해 크림을 적당히 바른 후 화장품을 발라 편안한 모습으로 해준다.

여자의 경우에는 연령이나 피부 상태에 따라 적절한 화장(make up)을 하여 얼굴에 생기가 나도록 편안한 얼굴로 손질해 준다.

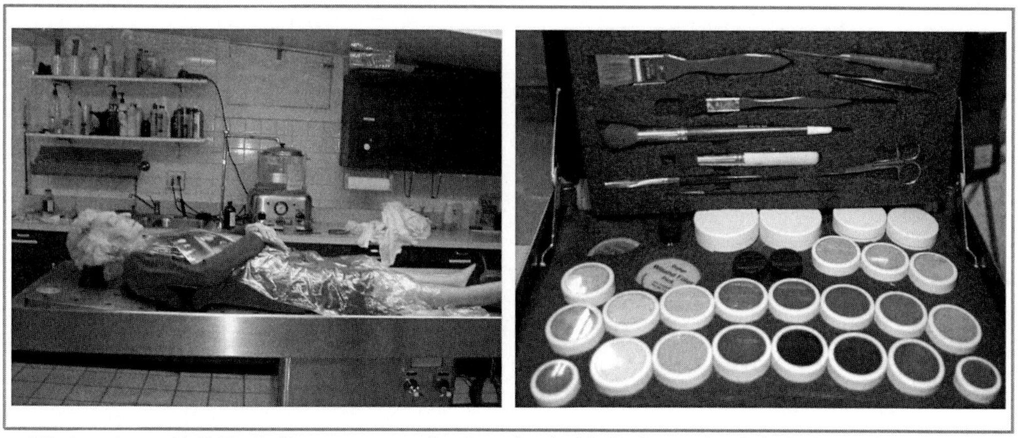

그림 3-53 ▶ 위생처리 후 make up이 완료된 상태(좌)와 고인 전용화장품 세트(우)

3.4 편안하고 품격 있는 수의

올바른 시신위생처리를 하기 위한 넷째 과정은 평소 가장 좋아 하는 옷을 수의로 입혀드린다.

수의는 고인이 입는 마지막 옷이다. 최근 수의는 삼베나 명주가 주된 수의 재로로 사용 되지만, 전통 장례에서는 비단을 이용한 질 높은 소재로 그 시대의 가장 품격 있는 복식에 따라 수의를 제작·사용 하였다. 그러나 현대인들은 관혼상제 가운데 결혼이나 기타 의례에서는 전통 한복 보다는 양복과 양장에 품격을 두고 선호하고 있고 일상생활에서도 양복이나 양장이 편하게 입고 있으며, 군인이나 경찰들은 제복이 그들에 가장 품격 있는 복식이다. 따라서 고인의 유언이나 장례 상담 과정에서 고인의 얼굴을 싸지 않고 노출되는 시신처리법을 소개하여 양복 또는 한복을 수의로 하고 얼굴을 싸지 않고 보여주는 장례기법을 통해 소비자(고인 또는 유가족)가 선택하는 장법적용을 통해 장례의 품격 향상을 지향해야 한다.

그림 3-54 ▶ 우리나라 양복 입관(좌)과 재미교포의 미국 장례식 입관(우)

3.5 고인과 함께 하는 장례의식

올바른 시신위생처리를 하기 위한 다섯째 과정은 고인과 함께 하는 장례절차 의식이다.

시신으로부터 감염에 대한 문제점이 없도록 위생적으로 깨끗하게 처리·정리된 고인을 내부 정리가 잘되고 편안한 관에 입관하여 모신다. 시설에 따라서는 내부가 보이는 투명 냉장고를 이용하여 고인을 안치 한 다음 일정 시간 가족이나 가까운 친지들이 조문을 할 수 있도록 함으로써 고인과의 아름다운 작별을 할 수 있도록 한다.

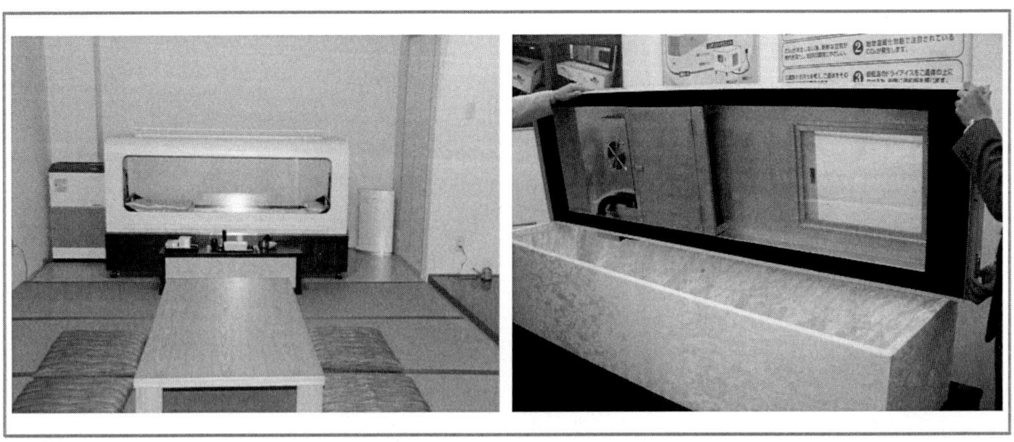

그림 3-55 ▶ 냉각장치가 부착된 투명안치 관(좌:公益社), 관 덮게(우:일본장례박람회)

4. 성복례 및 성복제

4.1 성복례(成服禮)

성복례(成服禮)는 대렴과 입관을 한 다음에 진행하는 의식절차로 전통 장례에서는 상주는 망자의 죽음을 기정사실화하고 좌단우단의 소복도 벗고 정식으로 상복을 갖추어 입고 서로가 복인이 된 것에 대해 인사하는 예(禮)의 과정이다.

상주와 주부를 비롯한 망자와의 가족관계(복제 :服制)에 따라 상복을 입게 되는데 이를 성복(成服)이라 한다. 상복은 망자를 기리며 애도하고 근심하는 유가족이나 근친들이 일정기간 동안 착복하는 옷을 의미한다.

전통장례에서 성복 시기는 입관 의례를 마친 후 모든 유가족이 상복을 갖추어 입지만 현대 장례에서는 장례 시작부터 개량된 현대식 상복을 입는 경우가 대부분으로 따라서 장례지도사는 상복을 입는 방법 및 절차를 유족이 원하는 상복과 장법에 따라 안내하게 된다.

성복은 입관 후 절차이지만 현대에는 과거 일정대로 진행이 어려우므로 정장 혹은 개량한복은 입관전이라도 입을 수 있다고 설명하고 상주, 상제들의 복장이 청바지 체육복 등 옷이 불량한 경우 미리 입도록 권유한다.

상복의 경우 종교 및 친인척 항렬에 맞는 정해진 복제가 있으나 집안 내력에 따라 달라질 수 있어 세심하게 상담하고 유족간의 마찰이 생길 수 있어 필히 조심한다.

4.1.1 전통식 성복

전통적으로 죽은 사람과의 복친의 범위에 따라 착용하는 상복의 종류도 다르고 다양하였다. 상복의 제도(복제 : 服制)는 상복의 재질과 봉제방법에 따라 5복으로 나누었고, 그것을 입는 기간에 따라 9복으로 나누어 제작하였다.

부모상을 당하면 상주가 결혼한 아들인 경우 굴건(屈巾), 두건(頭巾), 수질(首絰), 요질(腰絰), 교대(絞帶), 마혜(麻鞋) 등으로 구성된 굴건제복(屈巾祭服)을 입었고, 미혼인 경우 수질에 중단(中單)을 입었다. 여자 상주(주부)인 경우 대수장군(大袖長裙)을 입고 요질과 교대(絞帶)를 하고 흰 족두리를 하고 엄신을 신었다.

전통식 성복에서 상주는 입관 전에 굴건제복 혹은 삼베중단을 팔을 뺀 채로(아버지상은 왼쪽, 어머니상은 오른쪽) 입고 있다가 입관 후에 굴건제복 혹은 삼베중단을 갈아입는다.

상장은 아버지 상이면 대나무 상장을 들고, 어머니상은 오동나무(버드나무)상장을 든다.

사위는 입관 전에 삼베두루마기를 팔을 뺀 채로(빙부상은 왼쪽, 빙모상은 오른쪽) 입고 있다가 입관 후에 삼베두루마기를 제대로 갈아입는다.

미망인, 자부, 딸, 등 여자 상주는 입관 후에 여상복을 입는다. (장일이 짧을 경우 입관전에 입어도 무관함). 종교나 집안 특성에 따라 흰상복 또는 검정색 상복을 선택한다.

집안에 따라 성복을 어디까지 입는지는 다르지만 손자, 조카, 손아래 형제, 사촌들은 광목두루마기를 입는다. 고인을 기준으로 항렬이 위인 유족들은 성복을 하지 않는다.

방법은 제단을 중심으로 남자는 왼쪽에, 여자는 오른쪽에 위치하며, 가운데 깨끗한 물을 준비하여 모두 손을 씻고 난 다음 좌우에 위치하여 서로 마주보면서 남녀 상주간의 예를 올리고 준비된 상복으로 갈아입는다.

그림 3-56 ▶ 전통(근대) 장례식에서 성복

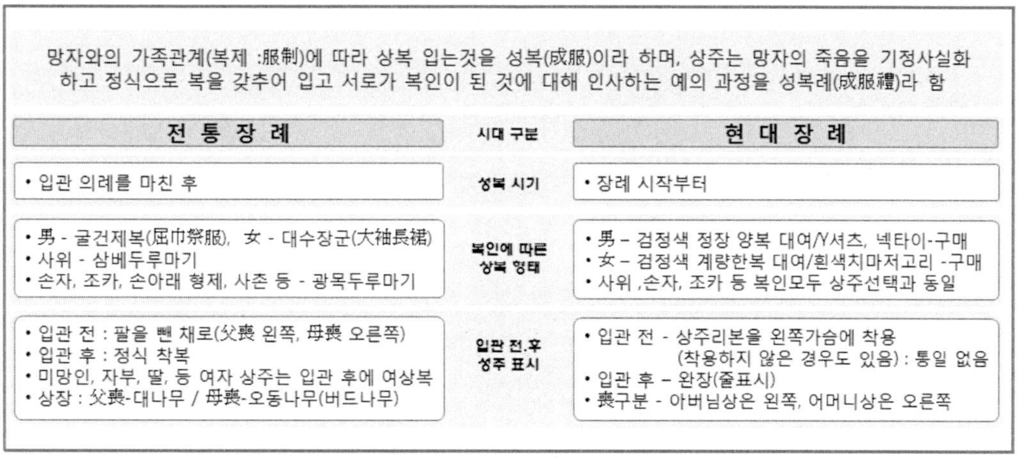

그림 3-57 ▶ 전통장례와 현대장례식의 성복 비교

4.1.2 현대식 성복

근래 장례풍습에서 상주는 장례 상담 과정에서 상복을 현대식으로(정장 양복) 결정하고 장례 상담 후부터 상복을 갖추어 입는 경우가 대부분이다. 더욱이 전통 장례에서는 입관 전 후로 상복의 복장을 통해 구분하여 입었으나 현대에는 상복의 복장 보다는 입고 있는 상복에 부착물을 통해 구분하는 예가 많아지고 있다.

상복은 남자의 경우 대부분 검정색 양복과 흰색 셔츠에 검정색 넥타이를 기본으로 착용하며, 여자는 흰색 치마저고리 또는 검정색 치마저고리를 주로 입는 경우가 많다.

남자 상복의 대부분은 대여를 하고, 여자의 경우 흰색 치마저고리 상복은 1회용으로 구입 사용하고, 검정색인 경우에는 대여를 하는 경우가 많다. 따라서 상복을 입는 인원에 따라 양복과 여성용 상복을 주문하면 양복의 크기(키, 허리), 여자 상복의 크기에 맞추어 예복 협력 업체 직원이 분향소(빈소)로 가지고 와서 착의 후 불편하면 교환을 하여 상복을 입게 된다.

입관 전후를 표시하는 예법으로 장례식장에 따라서 다소 다르지만 일반적으로 입관 전 상주 표시는 상주 리본을 왼쪽가슴에 달고, 입관 후에는 완장(두줄)을 차도록 하는 경우도 있다. 이 경우 아버님상은 왼쪽, 어머니상은 오른쪽에 하도록 구분하고 있다.

사위의 경우에도 동일하게 양복을 착용한다. 사위도 상주(사위)리본을 장인상은 왼쪽 가슴에, 장모상은 오른쪽 가슴에 달고, 입관 후에는 완장(한줄)을 하게 된다.

미망인, 자부, 딸 등 여자 상주는 전통식과 동일하게 하며, 종교나 집안에 따라 흰색 또는 검정색 치맞저고리를 하거나 선호도에 따라서 계량한복을 착복하는 경우도 있다.

집안에 따라 손자, 조카, 손아래 형제, 사촌들도 동일하게 양복을 입고 입관 후에 완장(한줄)을 한다. 고인을 기준으로 항렬이 위인 유족들은 성복을 하지 않는다.

4.2 성복제 (成服祭)

성복례를 마치면 유복친 상호간에 문상을 하고, 또한 제물을 차리고 유복친 중 연장자의 집례에 따라 분향, 재배하는 형식의 제례를 통해 상주가 되었음을 고하는 성복제를 지내게 된다. 따라서 장례기간 중에 처음으로 올리는 제사가 성복제(成服祭) 의식이며, 끝나면 정식으로 조문을 받기 시작한다. 그러나 현대에서는 이러한 절차가 지켜지지 않고 제단설치와 더불어 조문이 시작되는 경우가 대부분이다.

성복제 진행 절차는 전통식을 기초한 일반적 방법으로 진행하되, 지역, 가문, 집안마다 차이가 있으므로 상주가 따로 원하는 의례 절차가 있는지 확인하고, 동의에 따라서 집사자의 의향에 따라 상황에 맞는 방식도 적용할 수 있다. 또한, 장례지도사는 상가에서 제사를 집도하시는 분이 있으시면 맡겨도 좋다.

장례지도사는 성복제 의례 절차를 시작하기 전에 전체 가족을 대상으로 의미와 절차를 설명해 주고 준비한 제상의 진설법 및 절차에 대한 이의가 있을 경우 주자가례를 기본으로 설명하되, 자신의 지식만을 고집하는 것은 옳지 않다.

제의례를 올리기 전에 성복제에 참석할 모든 가족의 참석 여부를 먼저 확인하고 제례를 집도한다.

맏상주를 앞으로 모셔 분향을 하고 술잔에 술을 담아 강신을 한다.

퇴주그릇에 술을 붓는다. 그리고 맏상주만 재배를 한다.

맏상주의 강신재배가 끝나면 다시 맏상주를 모시고 초헌(첫잔)을 하고 시접을 다른 찬으로 옮긴 후 제사에 참석하는 모든 유족들에게 무릎을 꿇고 머리를 조아려 달라고 말씀드린다.

장례지도사는 성복제 축문을 고축한 뒤 모든 가족들에게 일어나서 곡 재배 하시라고 말씀드린다.

곡 재배가 끝나면 술을 못 올리신 상주님들을 앞으로 모시고 술을 세 번 나눠 따르게 한 후 재배를 하게 한다.

상주님들의 재배가 끝나면 고인의 미망인이나 없는 경우 맏며느리를 앞으로 모시고 술을 세 번 나눠 따르게 한 후 재배를 하게 한다.

미망인이나 맏며느리의 재배가 끝나면 술을 못 올리신 자부들을 앞으로 모시고 술을 세 번 나눠 따르게 한 후 재배를 하게 한다. 맏며느리가 재배시 다른 며느리들도 같이 재배를 해도 무관하다.

며느리들의 재배가 끝나면 고인의 딸과 사위를 앞으로 모시고 술을 세 번 나눠 따르게 한 후 재배를 한다.

딸, 사위 재배가 끝나면 고인의 손자, 손녀(외손자, 녀 포함)들을 앞으로 모시고 술을 세 번 나눠 따르게 한 후 재배를 하게 한다.

손자, 손녀들의 재배가 끝나면 고인의 같은 항렬인 형제, 남매들을 앞으로 모시고 술을 세 번 나눠 따르게 한 후 재배를 하게 한다.

형제, 남매들의 재배가 끝나면 고인의 조카들을 앞으로 모시고 술을 세 번 나눠 따르게 한 후 재배를 하게 한다.

조카들의 재배가 끝나면 그 밖의 잔을 올리지 못한 나머지 가족 친지들을 앞으로 모시고 술을 세 번 나눠 따르게 한 후 재배를 하게 한다.

가족들의 재배가 끝나면 고인의 친구들이나 조문객들 중 잔 올리기를 희망하는 분들을 앞으로 모시고 술을 세 번 나눠 따르게 한 다음 재배를 하게 한다.

제사상에 준비되어있는 뫼, 탕의 뚜껑을 열고 숟가락을 꽂고(숟가락바닥이 동쪽을 향하게 함) 젓가락을 올리며(찬위에) 술잔에 술을 보탠다.

유가족들은 나와서 대기를 한다.

국을 물리고 갱물을 올린다.

꽂았던 숟가락과 젓가락을 물리고 밥뚜껑을 닫는다.
유가족들은 간단하게 묵념이나 재배를 한 후 음복한다.

4.3 성복제와 준비

4.3.1 축문작성

성복제에 사용되는 축문의 내용은 입관 후에 상주가 상복으로 갈아입고 지내는 제사에서 읽는 축문으로써 성복을 당하여 슬픔을 표하고 맑은 술로써 망자를 위로하는 내용이다.

成服祝 성복축

維歲次 ① ② 月 ③ 朔 ④ 日 ⑤ 유세차 월 삭 일

⑥ 子 ⑦ 敢昭告于 자 감소고우

顯 ⑧ 日月不居 俺及成服 夙興夜處 현 일월불거 엄급성복 숙흥야처

哀慕不寧 槿以 清酌庶羞 哀薦服事 尚 애모불녕 근이 청작서수 애천복사 상

饗 향

작성방법

①에는 그 해의 간지(干支)를 넣는다.
②에는 그 달의 수를 넣는다.
(예 '1' 월, '2' 월)
③에는 그 달의 초하루 일진(日辰)을 넣는다.
④에는 그 달의 일자를 넣는다.
⑤에는 그 날의 일진(日辰)을 넣는다.

⑥의 작성방법
- 부상(父喪)에는 고자(孤子)
- 모상(母喪)에는 애자(哀子)
- 부모(父母)구망(俱亡)이면 고애자(孤哀子)

⑦에는 상주이름을 쓴다.

⑧의 작성방법
- 조부(祖父) : 顯祖考學生府君
- 조모(祖母) : 顯祖妣孺人本官姓氏
- 부(父) : 顯考學生府君
- 모(母) : 顯妣孺人本官姓氏

4.3.2 제수 진설법

제수의 진설은 각 지방의 관습이나 풍속, 그리고 가문의 전통에 따라 조금씩 다른 형태를 보이고 있으나 일반적 원칙은 다음과 같다.

제주가 제상을 바라보아 오른쪽이 동(東)쪽, 왼쪽을 서(西)쪽으로 방향을 정한다.

지방(신위)이 놓여진 앞쪽을 첫째열로 하고 여기에는 시저(수저)를 포함한 메(밥)와 갱(국)을 놓게 된다. 둘째 열에는 적(炙)과 전(煎), 셋째 열은 탕(湯), 넷째 열은 포와 나물, 다섯째 열은 과일을 놓게 된다.

그림 3-58 ▶ 제사상 차림(좌) 및 장례식장 제단(우)

신위	고서비동: 고위(남자 조상)는 서쪽, 비위(여자 조상)는 동쪽이라는 뜻이다. 고위의 신위, 밥, 국, 술잔을 왼쪽에 놓고, 비위는 오른쪽에 놓는다. 고비각설: 내외분이라도 남자조상과 여자조상은 상을 따로 차린다.
1열	잔서초동: 잔은 서쪽에 초첩은 동쪽에 놓는다. 반서갱동: 메(밥)는 서쪽에, 갱(국)은 동쪽에 둔다. 시접거중: 수저를 담은 그릇은 신위의 앞 중앙에 놓는다.
2열	어동육서: 생선은 동쪽에, 육류는 서쪽에 둔다. 두동미서: 생선의 머리는 동쪽, 꼬리는 서쪽으로 놓고 배는 신위쪽으로 둔다. 적접거중: 적(구이)은 중앙에 놓는다. 면서병동: 국수는 서쪽이고, 떡은 동쪽에 놓는다.(국수와 떡은 신위 수대로 차린다.)
3열	어동육서: 생선은 동쪽에, 육류는 서쪽에 둔다.
4열	생동숙서: 날 것은 동쪽에, 익힌 것은 서쪽에 둔다. 서포동혜(해): 포는 왼쪽에, 식혜(생선젓)는 오른쪽에 둔다. 건서습동: 마른 것은 왼쪽에, 젖은 것은 오른쪽에 둔다.
5열	조율이시: 왼쪽에서 부터 대추, 밤, 감, 배의 순으로 둔다. 홍동백서: 붉은 과일은 동쪽에, 흰 과일은 서쪽에 둔다.
기타	천산양수 지산음수: 하늘에서 나는 것은 홀수이고, 땅에서 나는 것은 짝수이다. 부접불기: 주된 음식에 붙이는 조미료(설탕, 초장, 소금, 겨자 등)는 따로 기록되지 않았으나 주된 음식에 붙여 놓으면 된다.

시저(수저)를 꽂을 때에는 패인 곳을 제주의 동쪽으로 하여, 메(밥)를 담은 그릇의 한 복판에 꽂는다. 두 분을 모시는 양위 합체 때에는 메(밥)와 갱(국)과 수저를 각각 두 벌씩 놓는다.

제사 음식에 고춧가루와 마늘은 사용하지 않으며, 짜거나 맵지 않게 하고, 현란한 색은 피하는 것을 원칙으로 한다. 또한, 과일 중 복숭아를, 생선은 끝자가 '치'자로 된 꽁치, 멸치, 갈치, 삼치 등은 사용하지 않는 것이 일반적이다.

5. 음식 및 장지 용품 확인

일반적으로 장례 2일차에는 조문객들의 조문이 많아지므로 접대 음식들이 부족함이 없도록 미리 준비 하여야 한다.

장례식장의 특성을 감안하여 음식 주문 마감시간을 확인하고 마감 전에 필요량을 예상하여 주문하고 확보하여야 한다. 또한 발인 시간을 감안하여 발인 당일 유족의 아침식사 주문이 완성되어야 한다.

장지에서 필요한 음식을 설명하고 참여인원을 파악하여 가족들이 준비할 수 있도록 안내 하여야한다.

매장지가 공원묘지나 개인 가족묘지 여부를 확인하고 장지에서 음식 접대가 가능한지를 확인하여 음식준비 여부를 설명하여야한다.

장지에 참석할 예상인원에 따라서 필요한 음식(밥, 국, 각종 반찬), 음료(물, 주류 등) 기타 생활용품(수건, 운동화, 칼, 도마, 각종 식기 등)을 비롯해 제수용품과 제상, 횡대 등을 함께 준비할 수 있도록 안내한다.

화장을 하는 경우 화장 시간에 따라 다르지만 일찍 시작 하는 경우 화장장에서 아침 식사를 하는 경우가 많다. 따라서 화장장 시설에 따라서 음식을 구매할 수 있는 경우와 식당이 없는 경우도 있어 사전에 화장장 시설에서 식당 정보를 유가족에게 설명하여야 한다.

또한 화장 후 봉안이 이루어지기 때문에 봉안 후 손님접대 유무에 따라 해당 시설에서 음식을 구매 할 수 있는지를 설명하여야 한다. 따라서 유족의 선택에 따라 필요한 식음료를 준비하도록 한다.

화장 후 수습된 유골을 담을 유골항아리를 준비 하였는지 확인하고 준비 되어 있지 않은 경우 준비할 수 있도록 안내한다.

종교에 따라서 봉안당에서 봉안 후 올릴 제수용품과 제상 등에 관한 내용을 안내하고 주문 확인한다.

6. 장례 행정 및 비용 중간 정산

6.1 사망관련 서류 준비(제출)

장례절차 과정에서 여러 가지 행적적인 서류가 함께 첨부되고 처리 되어야 한다.

장례식장이 소속된 의료기관에서 치료도중 사망한 경우에 병원비 지급에 관한 사항을 안내하고 퇴원수속을 영수증을 통해 확인해야 한다.

소속된 의료기관의 병동이나 중환자실에서 이송된 고인인 경우 원무과에서 퇴원심사가 완료된 후 수속이 가능하고, 퇴원 수속은 응급실에서 모셔온 경우나 병원 업무시간이 종료 된 후에는 응급의료센터의 응급수납에서 수속이 가능함을 안내한다.

장례식장 제출용 행정 서류 가운데 장례식장에 따라서는 입관 0시간 전까지 사망진단서(사체검안서), 발인전까지는 원내 사망자인 경우 퇴원증을, 원인미상이거나 사고사인 경우 경찰 신고 후 검사지휘확인서(검사필증)를 발급받아 제출 요구하는 경우도 있다.

따라서, 사망진단서(사체검안서) 발급과 함께 장지(매장 또는 화장장)에서 사용할 서류를 함께 준비할 수 있도록 안내한다.

매장을 할 경우 장지가 개인(가족) 묘지인지, 공·사설 공동묘지에 따라 구비서류를 확인하고 준비하도록 한다.

개인(가족) 묘지인 경우에는 매장 당일 별도의 구비서류가 필요하지 않지만 묘지설치 후 30일 이내 관할 지역에 사망진단서(사체검안서)를 준비하여 신고하도록 안내한다.

매장지가 공동묘지인 경우에는 묘지사용허가증(예매증), 사망자와 사용 신청자의 관계를 확인 할 수 있는 서류(주민등록등본 또는 호적등본 등), 사망증명서(사망진단서(사체검안서))를 준비하여 매장 전일까지 해당 묘지시설에 신청할 수 있도록 한다.

고인을 화장할 경우 화장장 시설 이용에 앞서 사전 예약이 필요하며 화장장 예약상황을 다시 한 번 확인하고, 화장 당일 제출 하여야할 서류로 사망진단서(사체검안서) 원본 1부, 주거지역 확인을 위한 고인의 주민등록등본 또는 초본 1부 등 행정 서류를 요구하는 경우가 많아 미리 준비하도록 하여야 한다.

그 밖에 해당자에 따라 국민기초생활 보장 수급자 증명서(관할 읍, 면, 동사무소 발급), 국가유공자 증명서(보훈청 발급) 등이 필요하다.

화장장에 따라서는 화장 예약 후 확인을 위해 화장 1일전까지 사망진단서를 송부(팩스) 제출 하여야 하기 때문에 장례지도사는 확인 후 처리할 수 있어야 한다.

내국인이 외국에서 사망하였거나, 외국인이 국내에서 사망하였을 경우에는 사망진단서(사체검안서) 1부 외에 주재 대사관 또는 영사관에서 발급한 화장동의서 또는 사망확인서 1부, 외국인 등록증이 필요하다.

표 3-1 ▶ 사망자 처리 관련 신고 서류

구분	신고 서류	서류용도	비고
장례식장	• 일반사: ① 사망진단서 또는 사체검안서 • 외인사, 기타 및 불상 : 해당자 ① 사망진단서 또는 사체 검안서 ② 검시필증	염습 입관용	• 염습 · 입관 전에 제출 및 확인 • 부검대상자
매장 (공 원 묘 지)	• 묘지사용허가증 • 사망자와 사용 신청자의 관계증명서 (주민등록등본 또는 호적등본 등) • 사망증명서	매장	• 개인묘지는 본인이 설치관할구역에 1개월이내 신고 • 공원묘지 : 신고대행
화장장	• 사망증명서 • 주거지역 확인증명서(주민등록등본) • 국민기초생활보장수급자 증명서(해당자) • 국가유공자 증명서(해당자)	화장용	
주민자치 센터	• 사망증명서류 : – 고인 주민등록증 – 신고자 도장	호적 정리용	• 사망증명 : 1개월 이내 신고
기타 금융 기관용	• 사망증명서류 : 1부	보험 청구용	필요시

6.2 장례비용 중간 정산

일반적으로 장례 3일장을 기준으로 둘째 날에 그 동안 사용한 금액에 대한 중간정산을 알아보는 것이 일반적이며 장례식장의 상황 및 유가족의 협의 하에 최종 정산을 하는 경우도 있다. 들어온 조의금의 보관 등을 고려하여 유가족 입장에서는 중간정산을 희망하는 경우가 많고 때로는 확인만 원하는 경우도 있다.

정산서의 구성 항목에는 크게 세부분으로 나눠지는데 장례부분(빈소사용료 및 장례용품 등), 식당부분(장례음식 및 제사상), 매점부분(주류 및 잡화 등)이 있다.

장례비용 정산을 하는 경우 일반적으로 빈소사용료 및 장례용품 등 비용은 사용

금액이 거의 일정하지만, 식당 및 매점부분의 사용 금액은 방문자 및 사용인원에 따라 가변적임을 설명하여야 한다. 따라서 장례 2일 동안 사용한 항목들에 대한 수량과 반품을 감안한 대략적인 금액과 최종 예상금액을 상주에게 알려준다.

장례식장에 따라서는 발인 시간이 매점 직원이 출근하기 이전 시간(예, 오전 8시 이전)에 발인하는 상가는 발인 전까지 사용할 물품과 장지에서 사용할 물품을 제외하고 매점에서 반품처리를 하도록 하고 최종 정산서를 작성하여 상주께 전달한다. 발인 시간이 오전 8시 이후에 발인하는 상가는 중간 정산서를 내주는 것이 일반적이다.

장례 상담 과정에서 장례비용에 대한 품목별 단가 금액을 설명하였지만 가족에 따라서는 재 설명을 요구하는 경우가 많기 때문에 상세한 설명이 필요하다.

예를 들면, 시설사용료 가운데 빈소 사용료는 크기에 따라 기준 금액이 다르며, 빈소 입실시간부터 발인 시까지 공정거래법상 기준으로 단위 시간으로 계산하여 (1일을 24시간 기준으로 하고, 12시간이 지나면 1일 요금, 12시간이 안되면 시간당 요금으로 한다. 1시간 미만은 1시간으로 산정한다) 정산서를 작성한다.

상담거래명세서에 기재되어 있는 모든 장례물품의 수량을 다시 한 번 확인한 다음 최종적으로 거래명세서에 기재한다. 상담거래명세서와 거래명세서의 수량 및 총 금액이 동일한지 재차 확인한다.

음식 관련 비용 산정은 빈소 도우미가 가져온 음식 주문서의 음식수량 등을 확인하고 거래명세서에 기재하고 재차 확인한다.

음식주문서에 작성되어 있는 빈소 도우미의 일일 급료, 발인 시 장의차량 운구요금, 그 밖의 협력업체 미수납된 요금(예복비용, 제단비용, 영정확대 비용, 떡값)을 최종 확인 후 「발인 전 준비사항」의 별도계산 항에 기재하도록 한다.

따라서 정산서는 장례식장의 운영에 따라 다소 차이는 있지만 일반적으로 장례식장에 지불하는 비용과 유가족이 외부협력업체에 직접 지불하는 비용이 있으므로 정산 과정에서 유가족의 혼란과 불평이 없도록 설명하여야 한다.

7. 발인 상담 및 차량 배차시간 확인

입관이 끝나면 장례지도사는 유가족과 함께 발인상담을 다시 한 번 더 하게 된다. 발인시간, 운구 차량(차종, 도착지, 운송요금 등), 발인시 준비사항, 각종 용품 등 출상과 관련된 결정사항을 상주와 다시 확인 점검 하고 필요한 준비물들은 주문하게 된다.

발인 시간은 장지 도착시간 또는 화장 예약시간에 맞추어 출발 시간을 결정하고 확인한다. 장지로 가는 장의 차량에는 가족 및 친인척 수송차, 시신운구를 위한 차, 선도 차 등을 결정하고 예약사항을 다시 한 번 더 확인 점검한다.

장례식장에서 운영되는 장의 차량은 자체보유 운영 차량도 있고, 상조회사의 경우 대부분 자체 차량을 보유하여 운행하고 있으며, 다수의 장례식장에서는 협력업체의 장의차량을 임대하여 운행하고 있어 통일된 운영체계는 아니다.

차량 운임은 장의 자동차 운송 요금표에 책정된 요금을 기준으로 차량별 운임요금은 거리에 따라 차등 부과된다.

장의 차량 이용 요금 안내는 유족에 따라서 운송요금의 감면 범위를 설명하고 유족들에게 장의 차량 요금표 및 안내서를 전달한다.

상담이 완료되면 장의차 배차대장 및 월별 현황 대장에 기입한다. 만약 장례식장에 협약업체 파견 직원이 있는 경우에는 유가족을 인계하여 파견 직원은 배차대장 내용에 따라 업체가 보유한 차종별로 유족이 선택한 대로 배차하여야 하고, 운전기사 소속, 성명을 기재하도록 한다.

장례지도사는 장의차 배차시 해당차량을 장례식장 발인장에 발인시간 1시간 전에 도착하여 모든 운행준비를 완료하도록 지도한다. 직원은 배차 상담 내용에 대해서 빠짐없이 정확히 기재하며, 간혹 배차 내용이 변경 된 경우가 있으면, 확인하여 변경하도록 하고, 배차는 순번에 의해 배차하도록 한다.

표 3-2 ▶ 장의차량 요금 및 안내서[예시]

<table>
<tr><th colspan="2">장 의 차 량 안 내</th></tr>
<tr><td>분 향 실</td><td>제 ○ 분 향 실</td></tr>
<tr><td>고 인 명</td><td>故 ○○○님</td></tr>
<tr><td>장 지</td><td></td></tr>
<tr><td rowspan="2">장 의 차 량</td><td>버스 : □ 소형 □ 25인승 □ 35인승 □ 45인승</td></tr>
<tr><td>캐디락 : □ 3인승 □ 5인승</td></tr>
<tr><td>장의차량 요금</td><td>원</td></tr>
<tr><td colspan="2">※ 장의차량 요금은 000시 특수여객 운송조합에서 거리에 따라 정한 협정 요금 이하의 금액을 적용하며, 장례식장에서 장지까지의 왕복요금을 산정한 것이며, 별도의 경유지를 추가 운행할 경우, 거리에 따라 요금이 추가됩니다.
(유료도로통행료, 주차료, 도선료 등은 상주께서 별도로 부담하셔야 합니다.)
※ 장의차량요금은 별도 현금 계산(현금영수증 가능)됨으로 상주분께서는 정해진 요금을 현금으로 준비하셔서 장의차량업체 기사에게 직접 계산해 주시면 감사하겠습니다.</td></tr>
</table>

Chapter 04

발인과 장지 실무

1. 장례 3일째 주요 업무

장례 3일째 장례식장에서 이루어지는 주요 업무는 장례비용 정산, 발인 및 운구업무이다. 또한, 장례지도사 입장에서는 이러한 업무뿐만 아니라 장례식장을 사용한 다음 관리 및 시설 점검과 향후에 사용할 물품 및 시설 재설치가 주요 업무가 된다.

상조회사에 의뢰된 장례식인 경우 유족들과 함께 장례식장을 출발하여 매장지에서 업무 또는 화장 및 봉안시설에서 장례절차를 더 수행하여야 한다.

장례 3일차 주요 업무		
	▪ 장례 비용 정산	✓ 물품 반납 및 총 장례비용 정산
	▪ 장의차량 준비	✓ 장의차량 확인 및 장지 사용물품 점검
	▪ 발인 준비 및 의례	✓ 시신인도, 발인 준비 및 제의례(영결식)
	▪ 운구	✓ 발인 운구, 장지행
	▪ 발인 후 시설 점검	✓ 발인 후 시설 점검 및 용품 준비
	▪ 장지 업무	✓ 매장(공동묘지) : 접수-하관-봉분-제의례 ✓ 화장 : 접수-화장-수골-운구-봉안-제의례

그림 4-1 ▸ 장례 3일째 주요 업무내용

2. 장례 비용 정산

장례식장 이용과 관련하여 장사등에관한법률 제29조 3항에는 장례식장 영업자는 장례식장 임대료와 장례에 관련된 수수료 및 장례용품의 품목별 가격을 표시한 가격표를 이용자가 보기 쉬운 곳에 게시하여야 하며, 가격 이외의 금품 수수를 억제하고 있다.

공정거래위원회에서 제정된 장례식장 표준약관에는 이용료와 관련하여 이용자는 발인하기 전에 이용료의 전액을 지급하여야 하며, 이때 사업자는 각 내역에 따른 계산서를 교부하도록 규정하고 있다.

일반적으로 발인은 오전 이른 시간에 이루어지며 장례 셋째 날 발인 1시간 전에 추가 하여야 할 물품들의 주문 및 미사용 물품에 대한 반품 받게 된다.

직원이 분향실(빈소)에 있는 상주를 찾아뵙고 매점에 반품할 물품을 확인 받는다. 미사용 물품으로 주류, 음료, 잡화, 장의용품(양초, 부의록, 조위록, 완장 등) 등 반품을 받은 직원은 전산 입력하고 매점명세서를 장례지도사에게 전달하면, 전날 작성했던 가(중간)정산서에 추가된 물품이나 변경된 금액이 있는지 확인한다.

최종 이용료 명세표와 물품 이용료 확인서(고객보관용)를 출력하여 유족에게 확인하도록 한다.

계산은 현금/카드 모두 가능하며 현금 수납 일 경우 현금 영수증을 발행하여야 하며 발급의무 위반시 세금추징 이외에 미발급액의 50% 과태료 부과된다.

장례식장에 따라서 비용정산이 다르지만 일반적으로 협력업체 미수납 한 부분(도우미, 영정사진, 꽃값, 예복 등)이 있으면 해당 협력업체와 연락을 통해 정산이 이루어지도록 한다.

일반적으로 도우미 비용을 제외한 나머지 업체는 현금영수증을 발부하도록 한다.

3. 발인

3.1 발인의 개요

발인은 고인이 생전에 살던 집과 가족들로부터 떠나 장지로 향하는 작별 의식으로 그 과정에 발인제(發靷祭)를 올리기도 한다. 전통장례에서는 견전(遣奠)이라고 하며, 현대에서는 발인식 또는 영결식(永訣式)으로 불리고 있다.

이러한 발인의식(영결식)은 고인의 신분에 따라 사회장, 단체장, 가족장 등으로 구분하기도 하며, 사회장인 경우 야외 공간이나, 단체장인 경우 큰 강당(회의장) 등을 이용하는 경우도 있다. 종교인 경우에는 교회, 성당, 사원 등에서 거행되기도 한다.

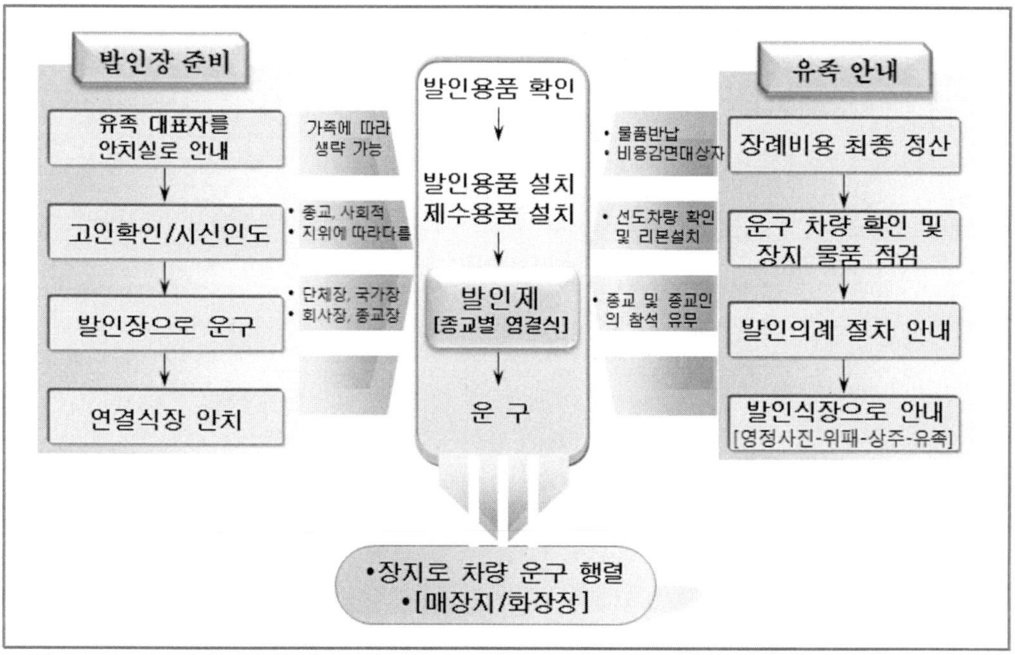

그림 4-2 ▸ 발인을 위한 절차 및 업무 흐름도

3.2 발인 차량 확인 및 장지 사용 물품 점검

발인에 이용 되는 차량은 선도차량과 운구차량(버스, 케딜락) 및 지원차량으로 구분된다. 장례 상담 과정에서 유가족이 결정하고 예약한 장의 차량은 발인 30분~1시간 전에 발인식장에 대기 할 수 있도록 한다.

장례지도사는 운구에 이용될 차량을 확인한 다음 해당 분향소(빈소)를 방문하여 운구차량 도착 여부와 운구 일정 및 선도차량 리본 부착 등에 관한 내용을 안내한다.

최근 이용되는 장의 차량 가운데 고인을 케딜락에 모시는 사례가 많아 가족이나 친지가 운전하는 선도차량을 사용하는 경우는 점차 줄어들고 있다.

케딜락을 이용하는 경우에는 장례 상담 과정에서 꽃장식 및 리본 설치를 주문할 수 있고, 당일 설치 점검을 할 수 있도록 한다.

가족이 운전하게 될 선도차량인 경우는 장지까지 지리가 밝은 분이 운전을 할 수 있도록 하고, 차량 리본 설치와 앞좌석에 선탑하게 될 영정 운구자의 탑승을 설명하고 장의버스 운전자와 운행관련 정보를 상호 협의할 수 있도록 한다.

장의 차량(버스) 또는 지원 차량은 30분전에 발인장에 대기하고 있고, 장지에 필요한 횡대(매장인 경우) 등 장지 주문 물품을 점검하여 차량에 실어둔다.

기타 장지에 사용할 물품을 주문한 경우 담당직원은 물품의 품목, 수량 등을 재확인 하고 장지로 운행될 버스 또는 운반 차량에 싣도록 한다. 특히, 발인시간이 일찍 이루어지고 당일 여러 상가(喪家)가 발인을 하는 경우 혼란스러워 상가별 주문 물품들이 뒤바뀔 염려가 있기 때문에 물품 인계에 각별한 신경을 써야 한다.

3.3 발인의식 준비 및 제의례(영결식)

일반적으로 장례식장 담당자는 발인 전날 발인과 관련하여 발인제 시작 시간, 장소, 운구 인원, 영정사진 봉송자, 제상 등을 가족에게 설명한다. 또한, 발인제가 끝나면 출상과 함께 모든 가족이 장례식장을 떠나기 때문에 발인식 전에 모든 물품을 정리한 다음 발인제에 참석 할 수 있도록 사전 지도한다.

그림 4-3 ▶ 발인식장 [좌 : 일반시설, 우 : 기독교식 준비]

발인 30분 전에 발인 장소에는 제단을 설치한다. 장례식장 시설 환경에 따라 다르지만 장례식장내에 발인실이 있는 경우 발인실 내에서 발인준비를 하지만 별도의 발인 시설이 없는 경우에는 운구차량 앞쪽에 제사상을 차리고 바로 뒤쪽에 관을 옮겨놓고 일반·불교식 병풍을 친 후 양 옆으로는 촛대를 세워둔다.

발인제를 지낼 수 있게 향로, 향, 향통, 분향초, 촛대, 술(酒), 술잔, 주전자, 퇴주그릇을 준비해두고 그 앞에 돗자리를 깔아 놓는다.

고인 또는 유가족의 종교가 기독교인 경우 발인식은 발인예배 형식으로 거행되며, 발인식장에는 제의례상은 설치하지 않고 목사님이 주관하는 예배 형태를 하기 때문에 장소에 따라서는 단상과 음향시설이 필요하게 된다. 장례식장내 별도의 발인 시설이 없는 경우에는 병풍을 설치하고 양쪽으로 촛대를 세우고 기독교 병풍 앞으로 고인을 모시도록 설치한다.

목사님이 발인예배를 진행할 수 있게 연사대, 의자, 마이크를 한 쪽에 비치시켜 놓고, 오디오를 켜 찬송가를 틀어 놓는다.

천주교는 종교 특성상 집안에 따라 제사를 지내는 경우가 많기 때문에 제사와 종교행사를 같이 진행될 수도 있다. 천주교의 발인행사는 사도예절과 미사로 나뉘는데 사도예절로 진행할 경우 관만 모셔 놓으면 된다.

발인식장 준비는 천주교병풍을 치고 양 옆으로는 촛대를 세워둔다. 그리고 신부님이 발인 미사를 진행할 수 있게 연사대 위에 마이크를 설치한 후 관은 발쪽이 연사대를 향하여 위치하도록 한다. 천주교는 사회자가 한 명 더 있으므로 강연대에 마이크를 하나 더 준비한다.

미사는 보통 발인시간 1시간전에 시작하므로 준비해 놓은 촛대에 불을 켜고 분향실(빈소)에 가서 유족에게 발인식장으로 이동하겠다고 안내를 한 후 영정사진 모실분과 위패 및 혼백 모실분을 불러내어 모시고 영정사진-위패-상주-유족 및 친지 순으로 발인식장으로 인도를 한다.

대부분의 장례식장에서는 안치 냉장고에 모셔놓은 고인을 발인실로 안내하는 일은 종교에 상관없이 진행된다.

유가족 일부가 참석 한 가운데 안치냉장고에서 고인을 밖으로 모신다. 관보와 명정을 들고 관에 표시해둔 고인명을 확인시킨 후 명정을 다시한번 더 확인한 다음 관보를 덮는다. 고인 확인 후 시신 인수인계서 작성한다.

운구자들을 확인하고 운구위치를 정한 다음 관을 발인식장으로 옮기고 발인제 준비를 해 놓는다. 이때는 고인의 머리 부분이 발인식장 출구 쪽을 향하여 운구를 할 때 먼저 나갈 수 있게 한다.

3.3.1 발인제 [유교식, 불교식]

발인 의례는 지역, 집안 마다 차이가 있으므로 집안 어른이 장례절차를 지도해 주거나 호상이 있는 경우에는 집안 중심의 의례 절차가 이루어지도록 하며, 별도의 호상이 없는 경우에는 상주의 요청에 따라 장례지도사들이 제의례를 집전하도록 한다.

영정사진과 위패 및 혼백이 발인식장에 도착하면 고인의 유택(관) 앞에 고인의 영정을, 영정 앞에 위패와 혼백을 놓는다. 유택(관)을 기준으로 오른쪽은 남자 상주, 왼쪽은 여자 상주들을 위치하게 한다.

장례지도사는 유택의 왼쪽에 위치하고 발인제를 집도한다.

가장 먼저 맏상주를 앞으로 모시게 하고, 분향을 하게 한 후, 술잔에 술을 세번 나눠 따라 강신(퇴주그릇에 술을 비움)을 하고 맏상주만 재배를 하게 한다.

맏상주의 강신재배가 끝나면 다시 맏상주를 모시고 초헌(첫잔)을 하고 시접을 다른 찬으로 옮긴 후 제사에 참석하는 모든 유족들에게 무릎을 꿇고 머리를 조아려 달라고 말씀드린다.

장례지도사는 발인축문을 고축한 뒤 모든 가족분들에게 일어나서 곡 재배 하시라고 말씀드린다.

곡 재배가 끝나면 술을 못 올리신 상주님들을 앞으로 모시고 술을 세 번 나눠 따르게 한 후 재배를 하게 한다.

상주님들의 재배가 끝나면 고인의 미망인이나 미망인이 부재 시 맏며느리를 앞으로 모시고 술을 세 번 나눠 따르게 한 후 재배를 하게 한다.

미망인이나 맏며느리의 재배가 끝나면 술을 못 올리신 며느리들을 앞으로 모시고 술을 세 번 나눠 따르게 한 후 재배를 하게 한다.

며느리들의 재배가 끝나면 다음 순서로는 고인의 딸과 사위, 고인의 손자, 손녀(외손자,녀 포함), 고인의 같은 항렬인 형제, 남매, 고인의 조카, 끝나면 그 밖의 술 못 올리신 나머지 가족, 고인의 친구분들이나 조문객들 중 술 올리시기를 희망하는 분들 순서로 앞으로 모시고 술을 세 번 나눠 따르게 한 후 재배를 하게 한다.

모든 재배가 끝나고 다시 맏상주를 모시고 기존 술잔에 술을 세 번 나눠 첨작을 한 후 시접을 원위치로 돌려놓고 제사에 참석하는 모든 가족들 전원 재배를 하게 한다.

모든 상주님들을 앞으로 모시고 음복을 하게 한 후 모든 초에 불을 끄고 분향된 향을 모두 끈다.

그림 4-4 ▶ 발인제 (좌 : 유교식, 우 : 기독교식)

만상주님을 모셔 관보를 벗긴 후 유택 밑의 고인분 함자와 영정을 다시 확인시켜 드린다.

영정, 위패 및 혼백, 유택(관), 유족 순으로 발인을 진행한다.

표 4-1 ▶ 발인 축문 예시

발인축(견전축) 遣奠祝	靈 영 輀 이 旣 기 駕 가	往 왕 卽 즉 幽 유 宅 택	載 재 陳 진 遣 견 禮 례	永 영 訣 결 終 종 天 천

◎ 해설 :
영좌를 실은 상여를 이미 메게 되었으니 가면 곧 유택(무덤)이 옵니다.
그리하여 보내는 예를 베풀어 영원한 이별을 고하나이다.

3.3.2 기독교 발인식

기독교식 장례는 처음부터 끝까지 목사의 집례 절차에 따라 발인식이 행하여지는데 이는 사람의 영혼을 운명 순간부터 하나님께 맡기는 것이기 때문으로 여기고 있다.

기독교식 발인절차(발인예배)는 다음과 같다.

- 개식사(예식사): 주례목사의 개식사
- 목도 : 성경말씀 봉독 (집례목사)
- 찬송 : 주례목사 선택, 다함께
- 기도 : 고인의 명복을 빌고 가족을 위로하는 내용
- 성경봉독 : 성경말씀 봉독 (집례목사)
- 설교 : 집례목사
- 기도 : 집례목사

- 약력보고 : 돌아가신 분의 약력과 업적 소개, 장로
- 조문, 조전낭독 : 내빈 [준비한 경우]
- 답례사 : 상가대표 [준비한 경우]
- 조가(찬송) : 다함께
- 광고 : 내빈께 감사말씀 및 장지 안내
- 축도(주기도) : 집례 목사
- 헌화 : 조객
- 출관 : 이제 영구는 묘지(화장장)로 발인하겠습니다 (집례 목사)

3.3.3 천주교 발인식

사도예절은 로마 가톨릭 교회에서 장례미사 후 시신을 교회 밖 장지(葬地)로 운구하기 전, 시신 앞에서 또는 무덤 앞에서 망자의 죄의 사함을 구하는 예식이다.

기도예절이나 장례미사를 할 수 없는 경우에는 사도예절 만으로 장례식을 대신할 수 있는 것으로 행해져 왔다. 이 예절은 죽은 이의 영혼을 위한 기도와 분향, 시신에 성수를 살포하는 과정으로 이루어졌다.

현재는 주로 사제의 기도 후 성수 살포와 분향, 고인의 영혼이 천국에 들기를 청원하는 사제의 기도와 신자의 응답, 성가를 부르면서 시신이 교회 밖으로 운구되는 고별식 절차이다.

이 사도예절은 영성체를 하지 않기 때문에 신부님이 직접 상가(喪家)를 방문하여 집전할 수도 있으므로 시간의 제약을 덜 받을 수 있는 장점이 있다.

일반적으로 천주교 출관 절차는 다음과 같다.

- 안치실에서 출관(발인)준비 완료
- 발인실에서 출관 예절 및 고별식 준비 : 제사용 초 2개, 향, 약간의 제수 등을 준비한다.
- 기도 및 고별식
- 장례미사
- 성당출발 및 장지 도착

3.4 발인 운구

발인 의식이 종료되면 유족 가운데 영정사진과 위패 및 혼백을 다시 모시게 하고 위치를 정한 다음 관을 운구할 사람 6명을 불러내어 양 옆으로 3명씩 위치시킨 다음 준비된 장갑을 끼고 매듭을 잡을 수 있도록 지도한다.

운구 인원은 관의 크기와 종류에 따라 4명에서 8명 정도 가능하다. 따라서 사전에 고인의 체형 또는 관의 크기를 확인하여 운구 인원을 미리 선발해 놓도록 한다.

준비가 되었으면 영정사진-위패 및 혼백-관-상주-유족 및 친지의 순으로 발인식장을 빠져 나가 대기중인 차량으로 이동한다.

영정사진과 위패 및 혼백을 운구차량 옆에 위치시키고 관이 운구차량에 실리면 영정사진, 위패 및 혼백을 모신 분들은 선도차량으로 안내하고(케딜락인 경우 앞자리), 유족들을 버스로 안내하여 탑승토록 한다.

유가족의 탑승 여부를 확인하고 주차장 출구 쪽에서 선도차량(케딜락), 버스 순으로 출발시킨다.

장례식장에 따라서는 도우미와 직원들은 출구쪽에서 정렬하여 운구 차량이 장례식장을 빠져나갈 때 인사를 한다. 차량이 다 빠져나가면 발인식장을 정리 한다.

4. 발인 후 시설 및 업무 관리

4.1 시설 점검

장례식장 시설 점검의 주된 목적은 시설물의 형태 유지 관리 및 적정한 채광과 조명 시설을 갖추고 경건하고 엄숙한 분위기를 유지하는데 있다. 그러기 위해서는 시설물은 방습, 방충, 환기, 냉·난방 등 보건위생상의 위해 방지를 위해 안전조치를 최우선으로 하여 시설관리 점검을 하도록 하여야 한다.

따라서 장례지도사는 발인이 이루어진 다음 사용했던 분향실(빈소)를 비롯해 조문객실, 영결식장 및 발인장 등에 대한 시설별로 이상 유무를 확인하고 다음 사용자를 위해 청소확인 및 물품을 점검하도록 한다.

4.1.1 분향실(빈소) 관리

분향실(빈소)은 상주들이 조문객들의 문상을 받을 수 있는 충분한 공간을 확보하여야 하며, 고인 또는 유가족의 종교에 따라서 종교의식에 따른 제단과 필요한 시설물을 설치해야 한다. 분향실(빈소)은 엄숙하고 경건성을 확보하기 위해 조문객을 위한 음료와 음식을 대접하는 공간과는 분리·운영하는 것이 바람직하다.

시설 관리 측면에서 분향실(빈소)은 장례기간 동안 여러 명의 유가족과 상주들이 머무르고, 향과 촛불을 피웠기 때문에 향을 태우고 남은 재, 촛농 등이 많이 흘려져 있어 지저분하며, 특히 향을 오래 동안 피웠기 때문에 향 냄새와 음식 냄새가 흡착되어 있어 다음 이용자에 불쾌감을 줄 수 있으므로 철저한 청소가 필요하며 특히 환기와 공기 청정에 노력을 기울여야한다.

그 밖에 분향실(빈소)과 함께 상주를 비롯한 유가족이 머물렀던 유가족 대기실(가면실)은 가족들의 휴식, 수면 및 음식 섭취가 같이 이루어진 공간으로 가면용품의 청소 및 점검, 분실물 확인, 기타 설치용품의 청결상태와 점검을 통해 다음 이용자의 불편함이 없도록 미리 준비하도록 한다.

4.1.2 접객실 관리

접객실은 분향실(빈소)과 가까이 위치하고 있지만 분향실(빈소)과는 일정한 거리에서 독립적인 장소에서 조문을 온 조문객들을 위한 식음료를 제공하는 공간이다. 따라서 손님 접대를 위해 식탁을 설치하고, 음식 준비를 위한 주방용품 및 시설 등이 설치되어 있다. 또한 이용자의 편의를 위해서는 환기시설, 냉·난방시설을 갖추어야 한다.

접객실의 사용 목적은 상주와 조문객과의 관계, 조문객과 조문객과의 관계를 통해 의사소통과 함께 의례를 통한 공동체 결속 기능 등을 수행할 수 있도록 함이기 때문에 항상 쾌적한 환경과 시설을 갖추어야 한다.

장례식을 마치게 되면 접객실은 충분한 바닥 청소와 함께 식탁 정리를 비롯하여 주방에서 사용 했던 식기, 기구 및 각종 집기 등을 정리 정돈하고 청소가 이루어져야 한다. 특히 주방에는 음식물을 보관, 관리 했고 처리한 곳이기 때문에 항상 청결하고, 음식물로부터 발생되는 냄새가 없도록 하여 다음 이용자의 불쾌감이 없도록 준비 관리한다. 사용했던 식기류, 집기류 등의 청결과 수량 및 보관상태가 양호한지 점검하고, 냉장고, 밥솥 등 전자제품의 이상 유무와 청결을 함께 점검하도록 한다.

4.1.3 안치실 관리

장례식장에서 안치실은 시신을 보관하는 곳이기 때문에 감염관리 및 공중 보건에 있어 가장 중요한 시설이다. 따라서 안치실 출입문에는 “질병 감염의 우려가 있으므로 출입을 금함”이라는 경고문을 부착하고 출입이 허용된 종사자 이외에는 출입을 통제하는 것이 바람직하다.

안치실 내의 창문과 출입문에는 외부와 차단 할 수 있는 장치를 설치하여야 한다. 시설 규모에 맞게 시신을 안치할 수 있는 냉장시설을 갖추어야 하며 실내공기 청정을 유지하기 위한 환기시설 및 상·하수도시설을 설치하여야 한다.

관리적인 측면에서는 정기적인 청소와 소독을 실시하고 관련 기록대장을 작성하여 비치하도록 한다.

발인이 이루어지면 시신을 안치했던 냉장고는 청소와 소독을 철저히 실시하고, 고인으로부터 발생되는 감염성 폐기물을 비롯해 감염 및 오염이 의심되는 기구 및 비품이나 도구는 철저한 청소와 소독을 하도록 한다.

대부분의 장례식장에서 안치실은 지하에 위치하는 경우가 많아 환기시설이 무엇보다 중요하다. 위생곤충을 비롯하여 출입자의 관리를 철저히 하고, 이용하는 유가족들이 불쾌감을 느끼지 않도록 실내 공기 살균과 청정에도 소홀함이 없도록 하여야 한다.

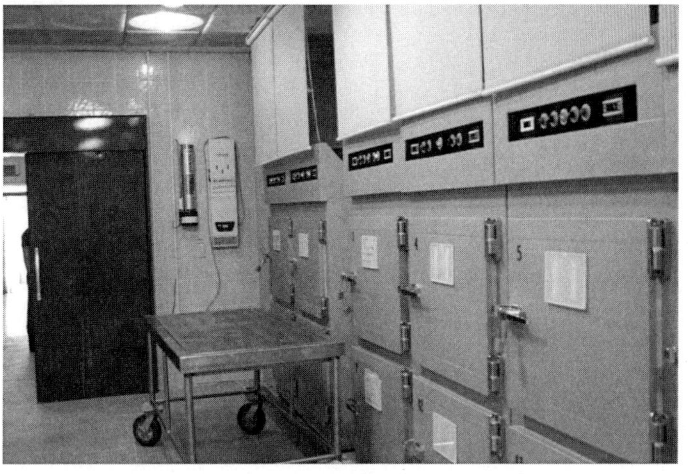

그림 4-5 ▶ 안치실내 공기 및 자오살균기 설치

4.1.4 염습실과 유족 참관실 관리

염습실은 시신을 목욕시켜 수의를 입히고 입관하는 장소로 시신을 직접 만지고 처리하는 공간으로 감염관리에 무엇보다 관심을 가져야할 시설 공간이다. 염습실 출입문에는 "질병 감염의 우려가 있으므로 출입을 금함" 이라는 경고문을 부착하여 무분별한 출입이 없도록 관리하여야 한다.

염습실 내에는 청소와 소독이 많이 이루어지는 공간이므로 시설 기구들은 스텐레스 등 내부식성 금속물질로 만들어진 염습대를 설치해야 한다.

염습실에서 보관 사용하고 있는 시신운반대 및 운송시설, 염습대, 기타장비 등은 수시로 청소, 소독을 하여야 하며, 고인으로부터 발생되는 여러 가지 적출물, 감염성 오염물질, 쓰레기 등은 의료시설 기준에 따라 감염성 폐기물로 분류하여 반드시 지정된 용기에 보관 · 처리하고 허가받은 자에 의해 반드시 처리되도록 한다.

유족 참관실은 염습실과 분리된 공간을 마련하여 유족이 경건한 분위기에서 참관할 수 있도록 시설이 마련되어야 하고 유리 칸막이를 설치하여 염습이 이루어지는 동안 외부에서 볼 수 있도록 하여야 한다.

염습 및 입관이 완료되면 고인을 처리했던 테이블, 사용한 기구, 화장용품(make

up box), 감염성 폐기물 등의 안전한 관리를 통해 감염의 위험에 노출되지 않도록 한다. 특히 염습실과 안치실에서 발생되는 감염성 폐기물과 일반 폐기물은 분리하여 철저한 관리가 이루어 질수 있도록 한다.

염습실에는 사망자, 작업자 및 유가족이 일정 시간동안 함께 머물고, 작업에는 시체로부터 냄새, 소독제 등 알코올, 화장품, 물 등을 사용하기 때문에 처리 과정에서는 여러 가지 불쾌한 냄새가 발생되므로 환기시설을 비롯한 냉·난방 시설 관리를 통해 실내공기의 청정을 유지하도록 한다.

4.1.5 발인실 관리

발인실 또는 영결식장은 장례식 기간 동안 장례식장을 마지막 이용하는 시설 공간으로 제의례 및 추모식을 올릴 수 있는 시설과 기구가 준비되어 있다.

시설은 장례식장의 시설 규모에 따라 다소 차이는 있지만 일반적으로 제의례 기구, 전기 및 음향 시설, 의자, 영상시설, 냉·난방 시설 등이 갖추어져 있다.

발인 의식이 완료되면 영결식장이나 발인실은 전기 및 음향 시설점검과 함께 사용했던 비품들의 청소와 관리가 이루어져야 한다.

다음 사용을 위해 청소 및 정리정돈과 함께 물품별 수량과 배치가 올바르게 설치되어 있는지 점검하고 관리가 이루어질 수 있도록 한다.

점검과정에서 확인된 파손 물품 및 보충 물품들은 교환과 보충을 하도록 한다.

사용 후 실내 환기 및 공기 청정을 위해 충분한 환기가 이루어지도록 한다.

표 4-2 ▸ 발인 후 시설별 점검 항목

구 분	점 검 내 용	비 고
분향실(빈소)	비품(촛대, 향로, 화병, 전화기, 의자, 컴퓨터), 전등 불량 여부, 가면실 비품, 분실물 확인	시설별로 이상유무 확인 후 즉시 조치
조문객실	식기류, 집기류, 사각상, 전자제품(냉장고, 밥솥, 정수기, 보온통), 분실물 확인	
영결식장	전기시설(마이크), 환기, 의자, 정리정돈, 환기, 청소, 비품정리정돈, 분실물 확인	
발 인 장	청소, 전등 불량 여부 점검, 향, 향로, 양초, 촛대, 혼백틀 등 기타 장의용품 있는 경우 세팅	

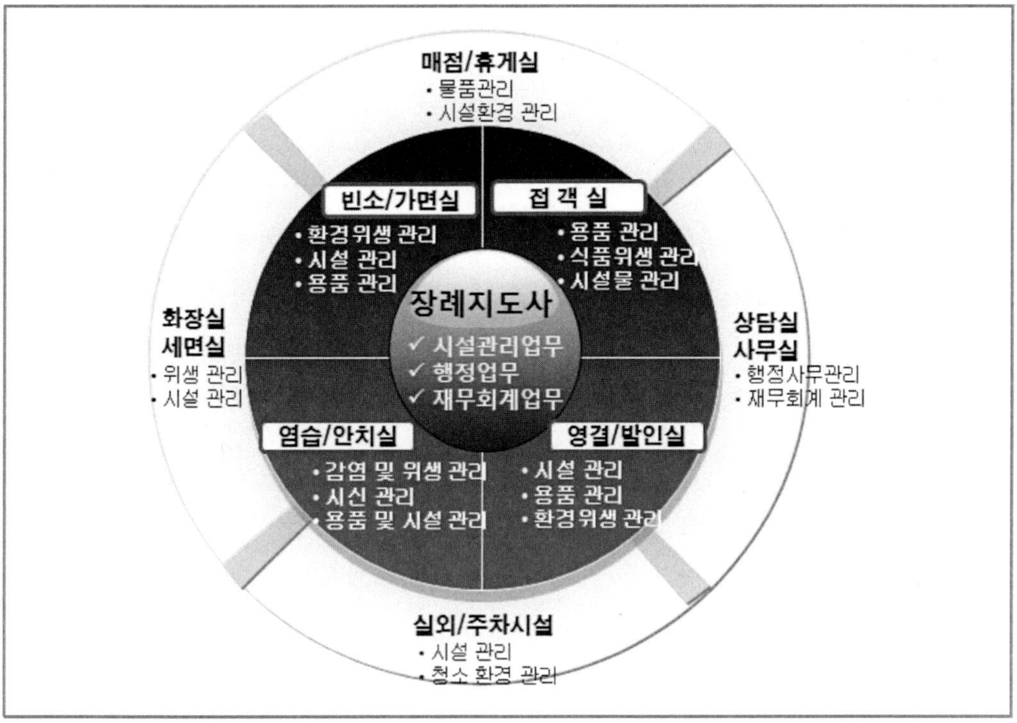

그림 4-6 ▶ 장례지도사의 시설별 관리 업무

4.2 고객 불만 처리 및 기타 관리업무

4.2.1 고객 불만 처리

장례기간 동안 유가족과 종사자 및 사업자간에는 서비스를 비롯해 시설이용에 있어 여러 가지 분쟁이 발생될 수 있다. 따라서 사업자 및 종사자는 분쟁 발생을 최소화하기 위하여 이용자의 불만 유형과 빈도를 기록·분석하여 불만 요인을 파악하고 재발 방지를 위하여 예방 및 수정조치를 취하여야 한다.

종사자의 실수로 발생된 불만인 경우는 신속한 사과와 함께 불만 발생의 원인을 처리하고 재발 방지를 위한 교육 및 지도가 이루어져야 한다.

분쟁이 발생되면 계약 당사자 간의 협의에 의해 원만히 처리하도록 하며, 합의가 실패한 경우 소비자기본법 등에 따라 분쟁조정기구에 분쟁 조정신청을 하거나 중재

기관의 중재 신청을 통해 해결할 수 있도록 한다.

4.2.2 기타 관리업무

장례식장에 따라서는 장례지도사의 직급에 따라 물품 관리, 도우미 관리, 외부 업체관리, 식당 관리 등 시설을 비롯한 재고 자산 관리 업무를 하여야 한다.

장례식장 운영에 필요한 시설 및 물품을 조사하고 예상 견적 및 계획서를 수립하여 예산편성을 작성하는 등 기획예산 업무와 함께 물품 구매를 위해 품목가격 결정, 입찰업무 등을 담당하기도 한다.

그 밖에 경리 보고서 작성 및 제출, 물품청구 관리 업무 등 다양한 재무·회계 업무를 하는 경우도 있다.

5. 장지 실무

5.1 화장(火葬) 업무

화장(火葬)은 시체나 유골을 불에 태워 장사하는 것이며, 화장 시설은 시태나 유골을 화장하기 위한 시설을 의미하고 있다.

최근 우리나라 장례문화는 매장 문화에서 화장(火葬)을 선호하는 장법으로 바뀌고 있다. 2010년 우리나라 화장률은 65%를 넘었고, 부산, 인천 등 대도시는 80% 이상 화장을 하고 있는 실정이다.

화장 절차는 먼저 고인을 화장장에서 화장을 한 다음 유골을 땅에 묻거나 시설에 봉안을 하거나 또는 특정 지역에서 산골과정을 거치게 된다.

따라서 화장장을 이용하기 위해서는 가까운 지역의 화장장 사전예약과 함께 이용에 필요한 서류와 절차를 상담 과정에서 유가족에 안내하고 필요한 서류를 준비하도록 하여 화장장 이용에 서류 미비로 발생되는 민원이 없도록 한다.

5.1.1 화장 신고

화장은 일반적으로 사망 또는 사산 후 24시간이 지난 후에 실시하지만, 24시간이 지나지 아니하여도 화장이 가능한 경우는 다른 법률에 특별한 규정이 있는 경우, 임신 7개월 이전 죽은 태아, 전염병으로 사망 후 전염병 확산 방지를 위해, 뇌사판정 후 장기이식을 위해 적출이 이루어진 시신인 경우에는 가능하다.

화장신고는 화장시설을 관할하는 특별자치도지사·시장·군수·구청장에게 신고한다. 신고는 사망자 및 신고인의 관련사항이 작성된 신고서식(별지)과 사망진단서(사체검안서) 또는 읍면동장의 확인서를 첨부해서 신고 접수한다. 외국인의 경우에는 외국인 등록번호 및 해당 국가 대사관의 신원 확인 서류가 필요하다.

처리기관(화장장)에서는 사망후 24시간 경과여부 등을 대조·확인하고 신고사항에 대한 적합여부를 검토하며, 신고사항 수리에 대한 보고 및 결재를 한 다음 신고내역과 관리대장을 작성하며, 화장과 함께 신고인에게 신고증명서를 발급 교부하게 된다.

표 4-3 ▶ 화장장 이용에 따른 필요한 서류

사망원인별		관련 증빙서류(원본)
일반인 (기본서류)	병 사	• 사망진단서(시체검안서) 1부 • 고인 주민등록등본 또는 초본 1부
	사고사(외인사)	• 사망진단서(시체검안서) 1부 • 검사지휘서 1부 • 고인 주민등록등본 또는 초본1부
감면대상자 (해당자)	국가유공자 (배우자 포함)	• 국가유공자 증명서 1부 • 혼인관계증명서(배우자) 1부
	국민기초생활 보장수급자	• 국민기초생활보장수급자 증명서 1부
봉안 합골		• 혼인관계증명서 1부
개장유골		• 분묘관할지역 읍, 면, 주민센터에서 발급한 개장신고증 1부
내국인이 외국에서 사망시 (외국인이 국내에서 사망시)		• 사망진단서(시체검안서) 1부 • 주재대 · 영사관에서 발급한 사망확인서 1부

5.1.2 화장 실무

고인을 화장(火葬)하고자 할 때는 먼저 가까운 화장장 예약을 서둘러 하여야 한다. 화장 예약은 e하늘장사정보(www.ehaneul.go.kr) 홈페이지에서만 예약이 가능하다.

발인은 예약된 화장 시간을 감안하여 실시하며 화장장으로 운구는 일반적으로 화장(火葬) 예약 시간보다 30분전에 미리 화장장에 도착하도록 한다.

화장장에 운구행렬이 도착하게 되면 미리 준비한 서류를 가지고 유족 대표와 함께 화장장 사무실에서 화장을 접수한다. 유가족으로 하여금 화장신고서 및 장사시설 사용 신청서를 작성하여 준비한 증빙서류 및 사용료를 함께 접수 시키면 접수증, 화장 비용 영수증 및 관련 증빙서류 등을 교부받아 확인하고 화장장 안내원으로부터 이용 절차 및 시설에 관한 안내를 설명을 듣는다.

고인 운구차량 및 유가족과 함께 대기 장소에서 대기하면서 화장시작 안내방송에 따라 지정된 장소에서 하관 및 봉송할 수 있도록 유가족을 안내하고, 화장장 안내자의 지시에 따라 화장로로 운구할 수 있도록 유가족을 안내한다.

고인의 유해가 화장로에 입실이 완료되면 가족들을 안내하여 영정사진 및 혼백을 지정된 장소에 설치할 수 있도록 한다. 유족들로부터 유골함 준비를 확인하여 준비되지 않은 경우 유골함을 준비할 수 있도록 안내한다. 또한 화장에 소요되는 시간을 설명하고 안내방송에 따라 화장 종료와 함께 영정사진, 준비한 유골함 등 준비 사항 및 유골을 인도 받을 장소(수골실)를 유가족들에게 설명하고 대기할 수 있도록 한다.

화장종료 안내방송과 함께 수골실로 이동하여 유골함을 전달하고 수골과정을 거친 다음 고인의 유골을 인도 받고, 화장증명서를 수령한 다음 대기중인 차량으로 이동하여 예약된 봉안 장소로 이동 할 수 있도록 한다.

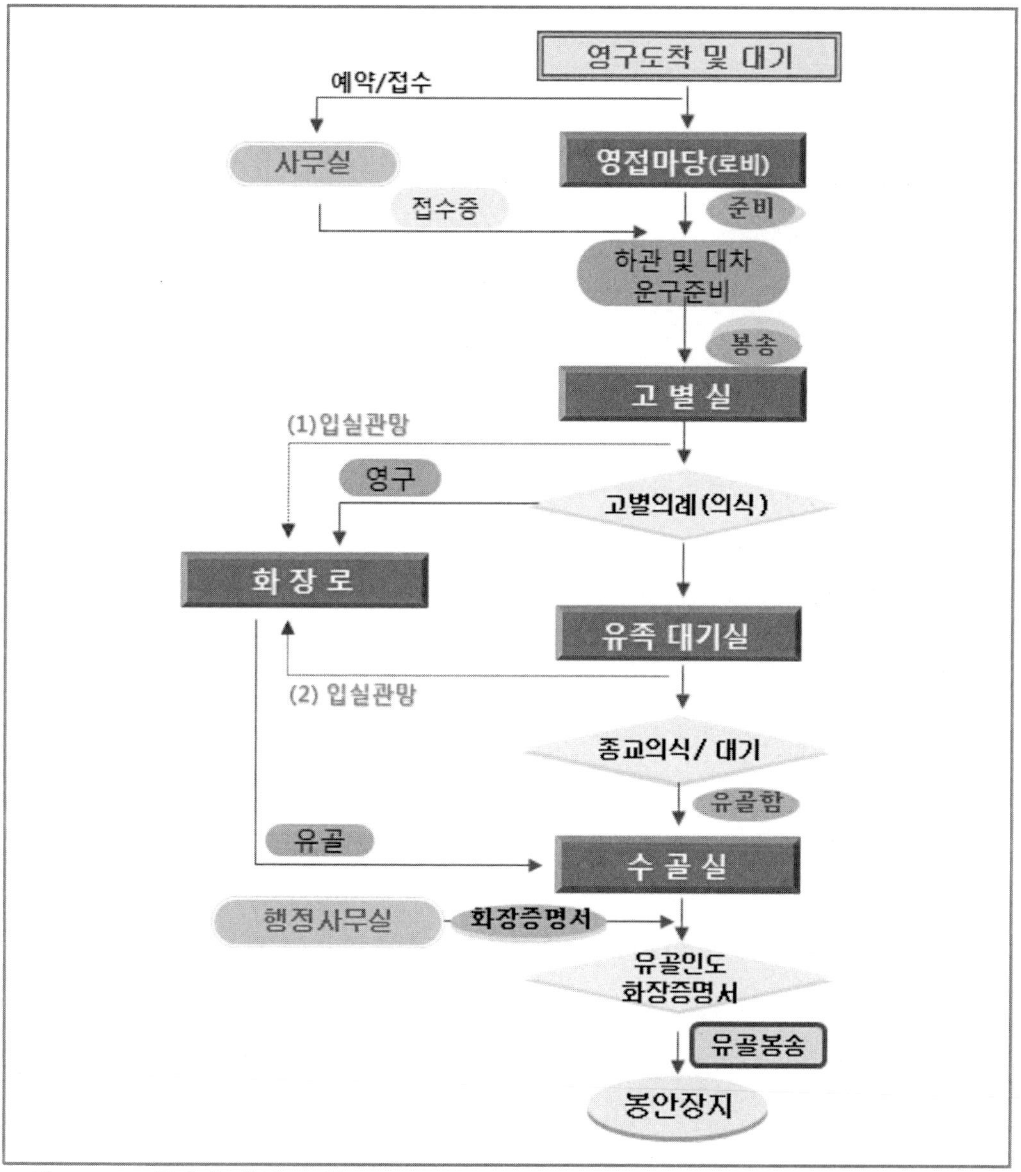

그림 4-7 ▸ 화장장 업무 흐름도

그림 4-8 ▶ 화장(火葬) 진행 과정(계속)

그림 4-8 ▶ 화장(火葬) 진행 과정

① 화장장에서 대기 ② 운구봉송 준비 ③ 차량 하관 ④ 화장로로 봉송
⑤ 화장로 입실 ⑥ 화장 및 유가족 대기 ⑦ 화장 종료 ⑧ 유골함 준비 및 인수
⑨ 화장 후 봉안을 위한 유골운구 ⑩ 봉안

5.2 봉안 업무

장사등에관한법률에 정의된 "봉안시설"은 봉안묘 · 봉안당 · 봉안탑 등 유골을 안치(매장은 제외)하는 시설로 "봉안묘"는 분묘의 형태로 된 봉안시설, "봉안당"은 「건축법」에 따른 건축물인 봉안시설, "봉안탑"은 탑의 형태로 된 봉안시설을 말한다.

개인, 가족, 문중에서 설치한 봉안시설은 대부분 봉안묘 또는 봉안당 형태이며, 종교단체, 법인회사, 자치단체 등에서 운영하는 봉안 시설은 봉안묘, 봉안탑을 비롯해 대형 봉안당 시설을 설치하여 운영하는 경우가 많다.

화장 후 봉안 절차는 시설 및 운영주체에 따라 다르다. 종교단체, 법인회사, 자치단체 등에서 운영하는 봉안 시설의 경우 화장신고와 함께 화장이 종료되면 화장장 관리인은 화장증명서를 교부하게 되고, 봉안을 하고자 하는 유가족은 화장증명서(화장신고증)를 봉안당 관리인에게 제출하여야 한다.

봉안장소에 도착하면 시설 안내자의 도움을 받아 관련 서류를 접수시키고 봉안 절차에 따라 봉안할 수 있도록 안내한다.

최근에 설치되는 종합 장사시설에서는 화장장 이용과 동시에 봉안시설 이용 신청을 동시에 이루어지는 경우가 많다.

자치단체에서 운영되는 봉안 시설의 경우 봉안 기간은 최초 봉안과 연장기간으로 나누어 제한적으로 운영되며, 시설 사용료의 경우 관할 지역민과 타 지역민과 차등 징수하기도 하며, 시설에 따라서는 타 지역민은 이용을 할 수 없는 경우도 있다. ,

일반적으로 자치단체에서 운영하는 봉안당의 봉안절차는 다음과 같다.

유가족 및 안내자는 봉안시설에 도착하면 민원실(사무실)에서 준비한 서류와 함께 봉안(납골) 신청서를 작성하여 접수 한다.

화장접수와 함께 봉안시설 사용 신청을 함께 하는 경우 화장장에서 화장 후 화장증명서를 교부받아 봉안 시설로 이동한 다음 간단한 서류 작성과 함께 접수를 마치고, 지정된 봉안 위치를 교부받아 확인하고 봉안장소로 이동한다.

자치단체에서 운영하는 봉안시설에 안치하는 경우 대부분은 선착순으로 봉안이 이루어지기 때문에 봉안의 위치 선택은 유족이 마음대로 할 수 없는 경우가 많다.

직원의 안내에 따라 고인명, 안치번호 확인 후 유골 안치가 완료되면 봉안당의 관리인은 봉안증명서를 발급한다.

봉안시설에는 별도의 제례(祭禮)의식을 올릴 수 있도록 시설이 마련되어 있다. 봉안을 마치게 되면 유족에 따라서 봉안 후 의례식을 행하는 경우가 많으며 종교에 따라 제의례를 올릴 수 있도록 제물을 차리고 의례절차를 안내한다.

제의례가 완료되면 유가족에 따라 장례 후 절차를 설명하고 장례식장 이용에 대한 감사와 고인의 명복과 함께 유족의 슬픔을 다시 한 번 위로한다.

삼우제 의례절차 및 방법을 설명하거나 탈상 절차를 안내하고, 대여한 상복의 경우 반납하는 요령을 설명한다.

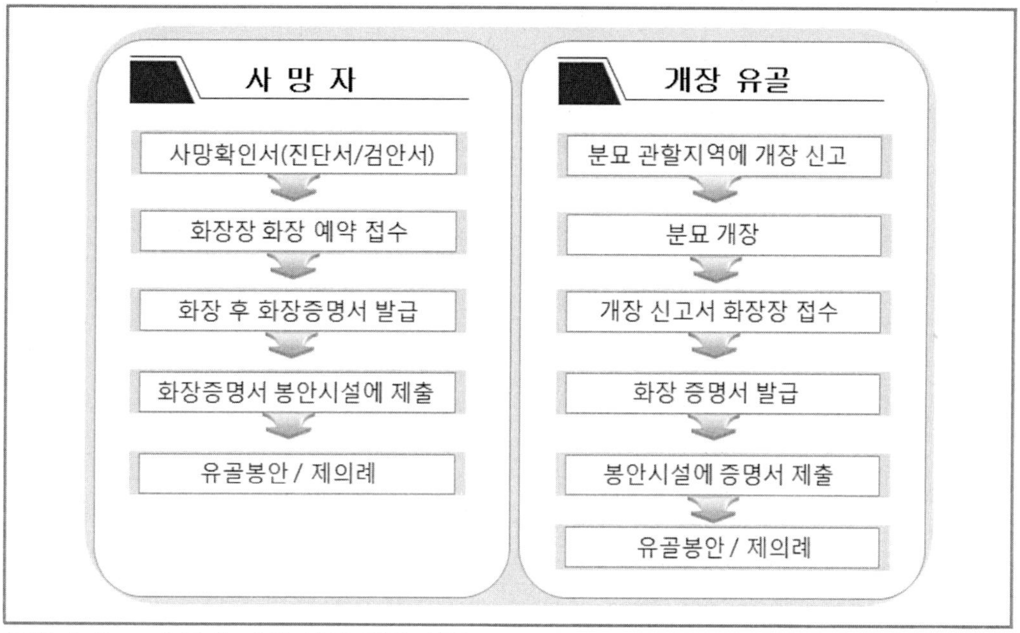

그림 4-9 ▸ 유골에 따른 봉안 절차 업무

5.3 매장 업무

사후 처리 장법(葬法)으로 유가족들이 매장(埋葬)을 원하는 경우 매장지는 개인 소유의 가족묘지에 매장하는 경우가 있고, 공원묘지를 분양 받아 매장하는 사례가 있다.

개인 가족 묘지를 이용하는 경우 대부분의 절차는 가족 중심으로 이루어지며, 장례지도사는 장지에 필요한 음식, 산역, 제사준비, 제물 등을 점검한다.

장례지도사는 가족 중심의 장례절차가 이루어질 수 있도록 협조를 하면 되며, 유가족의 요청에 따라 업무에 참여하면 된다. 아울러 장례절차가 종료되면 사후 행정처리 절차를 안내한다.

공원묘지를 이용하는 경우 시설 이용에 따른 필요한 행정 서류를 준비 확인하도록 하고, 장지에 도착하면 사전예약 확인과 함께 이용에 필요한 서류 및 신청서를 작성하도록 안내하고, 공원묘지에서의 장례절차는 안내인의 지시에 따르도록 한다.

개인 또는 가족묘를 설치하는 경우 매장될 묘터에는 발인 당일 운구 행렬보다 산역꾼들이 미리 도착해 시신(상여)이 묘터까지 쉽게 도달할 수 있도록 주변 진입로를 확보하고 도착하면 바로 하관할 수 있도록 주변 작업을 미리해야 한다.

일에 앞서 산역꾼들은 산역을 시작하기 전에 산신제부터 올리는 경우가 많다. 때로는 개토제(開土祭)를 지내는 경우에는 연장으로 땅을 파기 전에 묘를 쓸 곳에 미리 제를 올리는 경우도 있다.

관 또는 시신을 넣을 네모난 구덩이를 광중(壙中)이라 하며 내부가 깨끗이 정리된 상태로 시신(상여)를 기다리게 된다. 광중에 관(시신)을 하관하는 시간도 정해져 있어(하관시:下棺時) 상여가 도착하기 전에 미리 알려 하관 시간에 늦지 않도록 하여야 한다.

하관할 때는 지관이나 풍수를 아는 사람이 죽은 사람의 생기복덕에 따라 정확한 시간과 관이 놓이는 좌향을 잡아주게 된다.

관의 방향으로 시신의 머리는 북쪽(산봉우리 쪽)으로, 발은 남쪽(산기슭 쪽)으로 향하도록 하고 좌향에 맞게 상하좌우가 반듯하게 안치되도록 한다. 하관이 끝나면 구의(柩衣)로 관을 깨끗이 닦고 명정을 정리해서 관을 잘 덮고, 운(雲)자와 아(亞)자를 쓴 패도 관 양쪽에 끼워둔다.

탈관을 하고 매장을 하는 경우 관의 뚜껑을 열고 시신만 들끈으로 들어 광중 내광 안에 반듯하게 안치한다. 광중 내부의 빈 곳을 흙으로 채우고, 가지고 온 명정으로 덮은 다음 횡대(横帶)로 그 위를 덮는다.

매장시 광의 깊이는 1미터 이상으로 하며, 합장하는 경우에는 남자시신을 기준으로 하여 남자 시신의 왼쪽에 여자시신을 합장한다(男左女右 : 생시와 정반대).

일반적으로 하관 과정은 다음과 같다.

(1) 명정을 걷고, 관 덮개를 벗기고 관 묶음을 푼다

(2) 내광에는 미리 백지 등을 깔아 정결하게 하고 관(또는 탈관인 경우 시신만 들어낸다)을 내광에 반듯하게 모신다.

(3) 시신 또는 관위에 명정을 덮는다.

(4) 내광의 사방에는 백지로 덮은 다음 흙을 채운다.

(5) 상주는 폐백을 받아 가슴쪽에 청색 폐백을, 다리쪽에 붉은 폐백을 얹는다.

(6) 횡대로 내광을 덮은다. 석관인 경우 석관 뚜껑을 덮는다. 지역에 따라서는 시신을 내광에 넣은 다음 한지로 싸고 고운 흙으로 내광을 채운다음 횡대를 놓고 그 위에 명정을 덮어 취토를 하는 경우도 있다.

(7) 상주는 “취토(取土)”를 세 번 외치면서 흙을 횡대 위에 뿌린다.

(8) 가족들의 취토가 끝나면 석회를 섞은 흙으로 관을 완전히 덮고 발로 밟아 평평하게 다진다.

(9) 현대장례에서는 봉분이 완성되기 전에 평토만 하고 위령제를 모시고 유가족들은 대부분 귀가하고 나머지는 현장 인부들에 의해서 봉분이 완성된다. 개인 또는 가족묘지인 경우에는 봉분이 완성되기를 기다렸다가 묘소 앞에 영좌를 옮겨 간단히 제수를 차려 놓은 다음 고인의 명복을 비는 위령제(慰靈祭)를 지내게 된다.

매장 절차

사전 준비	• 유족가족들이 매장을 위하여 매장지를 사전에 예약하고 사용 신청 • 사용 요청에 따라 해당 매장지 묘역 조성을 위한 준비(묘터파기, 석물 등)
유족 도착 및 접수	• 공원묘지 도착 후 사무실을 방문하여 신청 서류 작성 및 접수 • 안내자의 안내 따라 매장지로 이동
매장 준비	• 하관을 위한 사전 준비 및 제의례 준비(종교에 따라) • 제의례
하관	• 하관 [탈관, 관매장 등 선택] • 횡대 설치 및 취토 의식
평토 및 평토제	• 지반 다지기 • 평토제(위령제) 의례 (가족, 종교 등 사정에 따라 생략)
봉분 설치	• 봉분 쌓기 • 비석 설치
성분제 / 행정처리	• 봉분 조성 후 위령제 의식 • 향후 행정 처리 절차 안내 및 의례(삼우제) 안내

그림 4-10 ▸ 매장 절차 흐름도

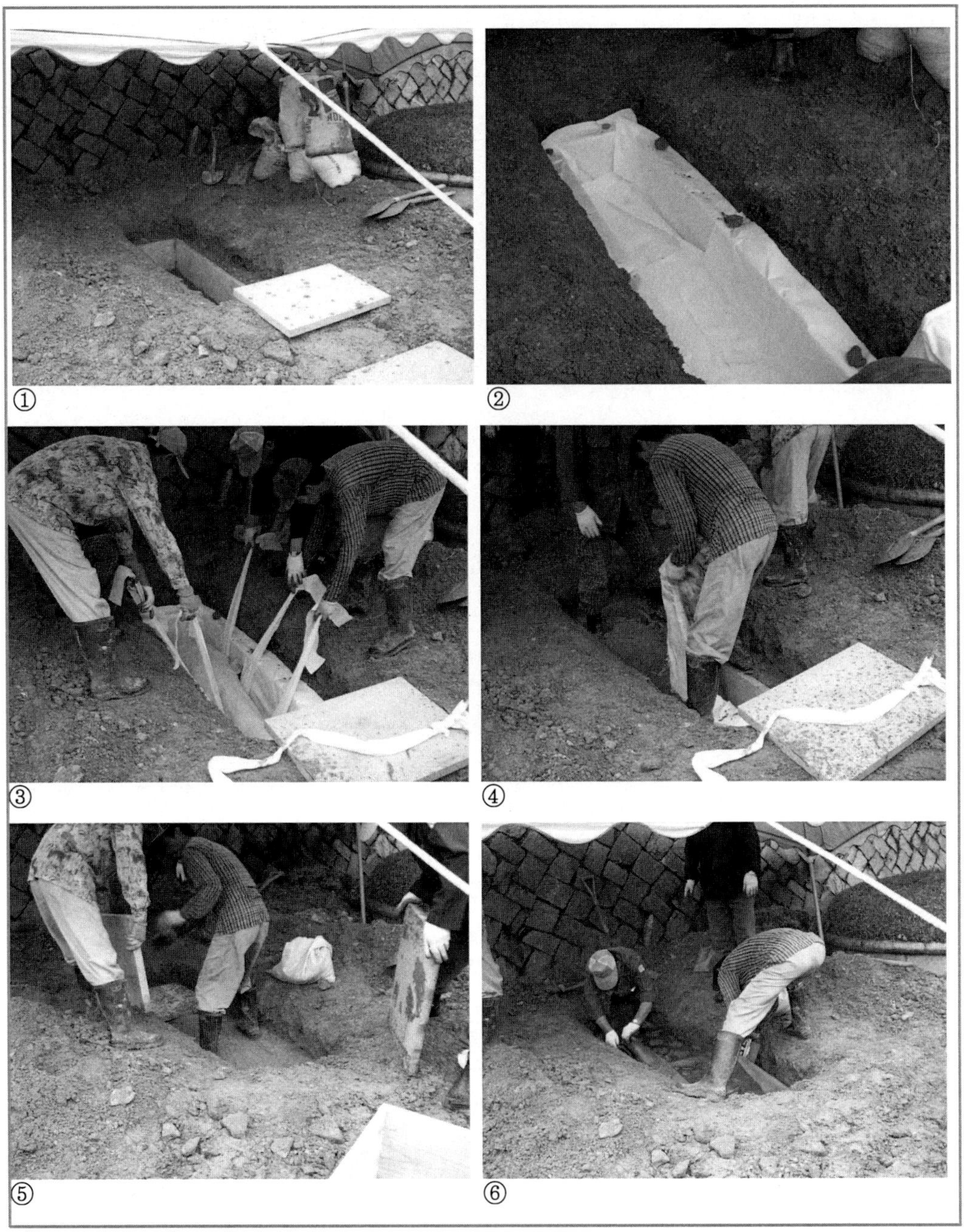

그림 4-11 ▶ 매장 과정(계속)

그림 4-11 ▶ 매장 과정(계속)

⑬

⑭

그림 4-11 ▶ 매장 과정

① 석관을 이용한 광 준비 ② 한지를 이용한 광 정리 ③ 들끈을 이용한 하관(탈관) ④ 하관(탈관)된 광을 흙으로 채움 ⑤ 횡대 설치 ⑥ 명정 설치 ⑦ 취토 ⑧ 하직인사 ⑨ 광 평탄화 작업 ⑩ 광 다지기(회다지기) ⑪ 평토제 ⑫ 봉분쌓기 ⑬ 봉분완성 ⑭ 성분제

① 흙으로만 내광을 정리
② 탈관 시신
③ 석관을 이용한 내광 설치
④ 탈관 시신
⑤ 관을 그대로 하관(매관)

그림 4–12 ▶ 매장을 위한 광중(壙中) 정리

Chapter 05

장례 후 절차 및 기타 실무

1. 장례 행정

1.1 사망신고 절차

사망신고는 자연인이 사망한 경우에 하는 보고적 신고 의미이다. 사람은 태어나 생존하는 동안 권리와 의무의 주체가 되므로 출생신고와 더불어 호적에 기재되고 사망신고(호적법 제25조)에 의하여 최종적으로 호적에서 제적되게 된다.

사망신고 기간은 사망자의 친족관계인 자가 사망사실을 안 날로부터 1개월 이내에 하여야 하며, 신고기간 경과 후의 신고도 적법한 신고로 효력은 가진다.

사망신고는 신고적격자로서의 신고이기 때문에 사망자의 호주, 친족, 동거자 또는 사망 장소를 관리하는 자도 할 수 있다. 특히 동거자라 함은 동일 호적 내에 있는 자 뿐만 아니라 사실상 동거하는 자를 의미하며, 가족이 아니더라도 세대를 같이하는 자는 사망신고를 할 수 있다.

일반적으로 사망신고 장소는 사망자의 본적지 또는 신고인의 주소지나 현거주지 시(구) · 읍 · 면의 사무소를 비롯해 사망지, 매장지 또는 화장지 시(구) · 읍 · 면의 사무소, 사망자의 주민등록지를 관할하는 주민자치센터에서도 사망신고를 할 수 있다.

사망신고서 기재 시 유의 사항으로는 사망일시를 기입할 때 사망의 연월일과 시각을 기재하되, 사망시각은 24시각제를 기준으로 하여 사망시각이 오후 3시인 경우에는 15시로 오후 12시인 때에는 익일 0시로 기재한다. 또한, 사망신고서에 년월일을 "미상"으로 기재한 신고서는 처리될 수 없다.

사망장소는 최소 행정구역의 명칭까지만 기재하면 되고, 지번을 알 수 없는 경우 기재하지 못했을 때 사망신고는 처리가 가능하다.

사망신고를 할 때 첨부서류는 사망자의 사망진단서 또는 사체검안서를 첨부하여야 한다. 사망진단서는 사망 당시에 사망자를 진찰 또는 치료한 의사가 작성한 것이고, 사체검안서는 사망 후에 사체를 검안한 의사가 작성한 사망사실을 증명하는 내용의 문서이다.

그 밖에 사망진단서나 사체검안서를 첨부할 수 없는 때 사망사실을 증명할 수 있는 서류로는 동(리)장 및 통장 또는 인우인 2명 이상이 작성한 사망증명서(인우보증 증명서) 등을 들 수 있는데, 사망증명서를 작성하는 동(리)장, 통장이나 인우인은 사망사실을 알고 있는 자이여야 하며, 신고인 자신은 인우보증인이 될 수 없다.

또한, 관공서의 사망증명서 또는 매장인허증, 관공서가 작성한 사망증명서 또는 매장 인허증을 첨부한 사망신고서도 가능하다.

재외국민의 사망신고를 거주지법에 의하여 외국 당국에 신고하여 사망 수리증명서 등이 있는 경우에는 사망신고서에 그 증서만을 첨부하여 사망신고를 할 수 있다.

군인이 전투, 기타 사변으로 사망하여 각 군 참모총장 기타 부대장 명의로 작성한 전사확인서는 사망사실을 증명할 수 있다.

사망신고서에 사망사실을 증명할 만한 서류를 첨부할 수 없어 사망신고를 할 수 없는 경우에는 사건본인의 주소지를 관할하는 가정법원으로부터 실종선고의 심판을 받아 그 심판 확정일로 부터 1개월 이내에 관할 호적관서에 실종선고신고를 할 수 있다.

1.2 매장 신고

매장의 장소는 신고 또는 허가를 받은 묘지로 공설묘지 또는 사설 묘지가 있다.

매장 신고는 매장을 한 자는 매장 후 30일 이내에 매장지를 관할하는 특별자치도지사·시장·군수·구청장에게 신고하여야 한다. 매장신고를 하려는 자는 신고 장소에 비치되어 있는 매장신고서식(별지서식)을 작성하여 제출한다. 이때 행정 서류는 매장신고서, 사망진단서(시체검안서) 또는 읍면동장 확인서가 필요하며, 기타 지역상황에 따라서는 사망자 신고자 주민등록본을 요구하기도 한다. 사고사인 시체의 경우에는 접수시 반드시 검사지휘서가 함께 첨부되어야 한다.

처리절차는 사망자 및 신고인 관련 사항 작성후 구비서류를 첨부하여 신고하게 되면 신고서류 접수 및 구비서류를 확인하여 신고사항 적합여부를 검토하여 신고사항에 수리에 대한 보고 및 결재가 이루어지고, 신고내역 및 관리대장 작성과 신고인에게 신고증명서를 발급 교부하게 된다.

매장 시기는 사망 또는 사산한 때부터 24시간이 지난 후에 이루어지지만, 24시간이 지나지 아니하여도 매장 가능한 경우는 다른 법률에 특별한 규정이 있는 경우, 임신 7개월 이전 죽은 태아, 전염병 확산 방지를 위해, 뇌사판정 후 장기이식을 위해 적출이 이루어진 시신인 경우에는 가능하다.

2. 국립묘지 안장 절차

사망자에 따라서는 관련 법령(국립묘지령)에 따라 사망 후 국가에서 관리하는 국립묘지에 안장될 수 있다.

국립묘지에 안장될 수 있는 사망자는 국립묘지법에 따라 대통령 등, 독립유공자, 국가사회 공헌자, 무공수훈자, 군인 · 군무원(장관급 장교, 전사 및 순직자, 장기복무 제대군인(군무원은 제외, 19년 6개월 이상 1981.1.1.이후 사망자) 6 · 25참전, 재일학도의용군인, 전 · 공상자(1~7급)), 경찰(전사자, 전 · 공상자(1~7급) 순직자(임무 수행 중)), 소방관(순직 소방관, 상이등급 1, 2, 3급 소방공무원), 공무원(순직 또는 공상공무원), 의사자 및 의상자(안장심의대상) 정부의 승인을 얻어 전투 또는 군 작전에 종군한 기자로 종군 중 사망 또는 상이자 등이다.

현재 설치 운영되고 있는 국립묘지는 국립서울현충원, 국립대전현충원, 국립영천호국원, 국립임실호국원, 국립이천호국원이며, 그 밖에 국립4.19민주묘지, 국립3.15

민주묘지, 국립5.18민주묘지가 있다. 민주묘지는 군출신 사망자가 아니라 민주 운동 과정에서 사망한 사람을 안장하고 있다.

안장 절차는 대통령 등 국민장, 국가사회공헌자, 의사상자, 순직, 공상공무원 등은 소속중앙행정기관의 장이 관계서류를 포함하여 안장신청을 하면 국가보훈처에서 국립묘지안장대상 심의위원회 심의를 거쳐 심사결과를 통보하고 소속기관과 국립대전현충원에 통보한다. 독립유공자 등 그 밖의 안장 대상자는 사망 당일 유족 또는 관계기관의 장이 안장관리시스템에 전자민원 신청을 하게 되면 국립대전현충원에서는 병적 및 신원조회 등 안장심사를 하고 심사결과를 해당 유족에게 안내발송하게 된다.

구비서류로는 안장 신청을 하고자 할 때 사망진단서(일반사망자), 순직(전사)확인서(순직자, 전사자), 경력증명서(경찰, 군무원)이며, 안장일 당일에 사망진단서 또는 화장증명서(원본), 묘비건립신청서가 필요하다.

안장일정은 접수시간에 따라서 일일합동안장과 개별안장으로 구분하며, 화장 시 유골은 분골(가루형태)로 처리하여야 하며, 유골함은 무료로 지급해 준다.

그림 5-1 ▶ 국립대전현충원 합동 안장식(계속)

그림 5-1 ▸ 시신 및 화장 유골 해외 운송 절차

① 합동 안장식　　　② 화장유골 봉송
③ 화장유골 장지 도착　　　④ 설치된 광중에 유골함 안치
⑤ 취토　　　⑥ 임시 봉분 및 비석설치
⑦ 설치 후 제의례　　　⑧ 석물 비석으로 대체된 묘역

3. 국내·외국인 사망자 처리

3.1 국내거주 외국인 사망자 처리 절차

외국인이 국내 거주하다가 사망한 경우 자국(본국)으로 시신을 이송하는 경우가 많다. 이때 필요한 서류는 사망관련서류로 사망자가 병사인 경우에는 사망진단서 또는 사체검안서가 필요하며, 사고사 및 기타 불상인 경우에는 부검을 하게 되며 검사지휘서(사체인도서)가 필요하다. 또한 시신은 화물형태로 본국에 이송하여야 하기 때문에 방부처리허가 업체가 발행한 방부 처리 증명서도 필요하다. 시신에 대한 방부 처리는 국내에서 해외로 나가는 외국인 혹은 내국인, 일반 병사체, 부검체 등이 해외로 나갈 경우에는 반드시 위생처리 하여야 하며, 매장 유골의 경우에도 해외 이장 시에는 위생처리를 시행해야 된다. 화장할 경우에는 시신위생처리를 하지 않는다.

그 밖에 사망진단서를 첨부하여 해당국가의 대사관(영사관)에서 발급된 해당국가 대사(영사)확인서, 공항 화물 청사 검역소에서 검역 후 발행된 검역증, 사망자의 여권, 서류번역 및 공증 서류(관련서류는 해당국가(사체를 보내고자 하는 국가)의 언어나 영문으로 번역한 것과 한글로 기재된 것, 영문으로 번역한 것은 공증을 받아야 함)를 준비한다.

운구절차는 항공사에게 항공편을 예약하여야 하고, 항공사가 요구하는 별도의 포장 여부를 확인한다. 시신은 관(棺)체로는 운송이 불가능하기 때문에 사체를 관에 입관시킨 후 항공운송에 필요한 별도 포장하여 항공사에게 인계해야 한다.

또한, 유가족(보호자)이 서류를 들고 올 경우에는 통관상 시간이 지연되기 때문에 시신(유해)과 유가족(보호자)이 같이 입국하거나 출국 할 경우에도 통관서류는 어느 곳에 부착하여야 하는지 통관 절차 과정에서 문의가 필요하다. 따라서 해당 화물청사의 검역소에서 검역을 하고, 검역이 완료되면 검역증 발급 받아 시신(유해)을 반출한다.

이 과정에는 공항내에서 운송료가 발생되며 운송료는 변경될 수 있다. 공항 운구와 관련해서 자세한 내용은 공항 통관 지원과 또는 공항 화물 터미널의 해당 항공사에 문의하면 된다.

3.2 국내에서 화장한 유골을 해외로 보낼 경우

국내에서 외국인이 사망하여 화장한 유골을 해외로 보낼 경우에 필요한 구비서류로는 영문 또는 해당국가 국어(언어)로 번역하여 공증을 받은 화장증명서(화장장 발급), 사망진단서를 첨부하여 해당국가의 대사관(영사관)에 신청하여 발급 받은 해당국가 대사관(영사관)확인서, 인천국제공항 검역소에서 발행한 검역증, 사망자의 여권 등이 필요하다.

관련서류는 화장유골을 보내고자 하는 국가의 국어(언어)나 영문번역문과 국내서류(한글)를 준비 하고 해당국가 국어(언어) 또는 영문으로 번역한 것은 공증을 받아야 한다.

운구 절차는 유족이 해당 항공사에게 화장 유골과 관련된 사항을 문의한 후 항공기 예약 및 절차에 따라 처리한다.

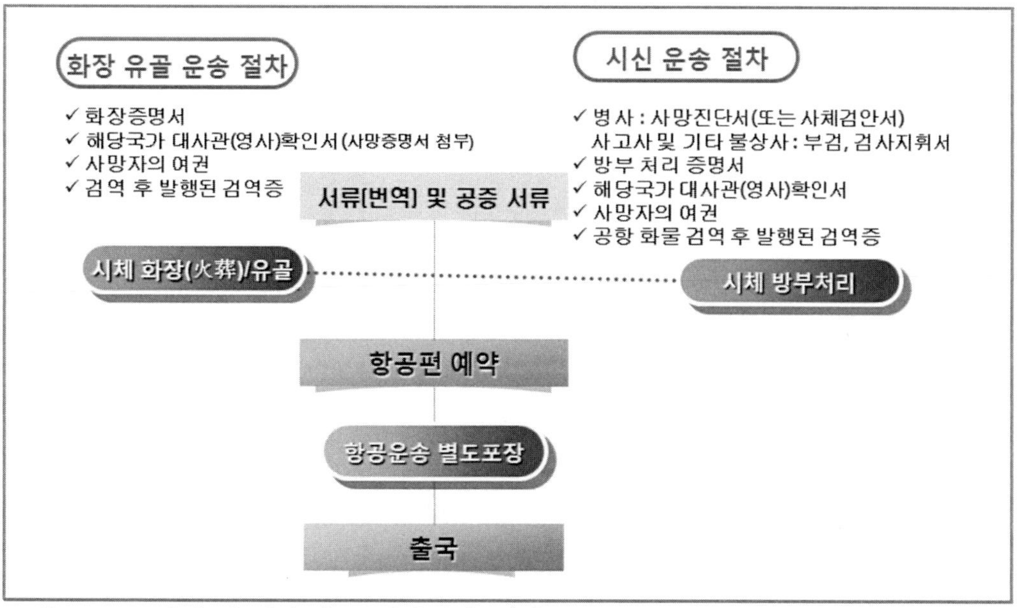

그림 5-2 ▸ 시신 및 화장 유골 해외 운송 절차

3.3. 국외 사망자 반입절차

해외공항에서 대한민국으로 시신(유해)이 도착하여 인도 받을 경우에는 항공기가 도착하면 항공사에서 해당국가 검역소에 검역을 의뢰한다. 검역이 끝나면 B/L(선하증권)와 국내에서 발급한 검역증을 첨부하여 세관에게 신고한다.

통과되면 사체를 인수하여 법규에 따라 장례절차를 진행하면 된다.

3.4 해외에서 사망 시 한국으로 이송

우리나라 국민이 해외에 체류 중에 사망사고가 발생하여 한국으로 이송을 할 경우 재외공관(대사관(영사관)) 또는 현지 주재원에게 연락을 취하여 협조를 받아 국내 유가족이 현지로 신속한 출국을 할 수 있도록 도움을 요청한다. 절차는 재외공관 → 외무부(여권, 비자(해당국가 대사관 서면요청) → 출국 → 유해인도 절차에 따른다. 해당국가의 장의 확인서, 사망 확인서, 대사관(영사관)의 사망 확인서 등이 필요하며, 절차는 항공사 예약 및 해당국 통관절차에 따라 진행한다. 해당국가에서는 특수화물 취급 에이전트를 통하여 대행하거나, 항공사에 문의하여 에이전트에 관한 것을 협조를 받는 것이 편리하다.

부 록

[서식 1] 시체, 유골 [매장·화장] 신고서

[서식 2] 죽은 태아 [매장·화장] 신고서

[서식 3] 개장 신고서

[서식 4] 개인묘지 설치(변경) 신고서

[서식 5] [가족·종중·법인] 문중 묘지 설치(변경) 신고서

[서식 6] [가족·종중·법인] 문중 묘지 설치(변경) 허가증

[서식 7] 화장시설(봉안당) 설치(변경) 신고서

[서식 8] 봉안시설(봉안묘·봉안탑·봉안담) 설치(변경) 신고서

[서식 9] [화장시설·가족봉안당·종중·문중봉안당·종교단체봉안당·법인봉안당] 설치(변경) 신고증명서

[서식 10] [개인 또는 가족봉안묘(탑·담), 종중·문중봉안묘(탑·담), 종교단체봉안묘(탑·담), 법인봉안묘(탑·담) 설치(변경 신고증명서

[서식 11] 묘적부

[서식 12] 매장·화장·개장신고(허가) 관리대장

[서식 13] 묘지·화장시설·봉안시설·자연장지 설치 · 조성허가(신고) 관리대장

[서식 14] (시체·죽은태아·개장유골) 화장 · 봉안 · 자연장 증명서

[서식 15] 화장 · 봉안 · 자연장 관리대장

[서식 16] 개인 · 가족 자연장지 조성(변경) 신고서

[서식 17] [문중·종교단체·법인] 자연장지 조성(변경) 허가신청서

[서식 18] [문중·종교단체·법인] 자연장지 조성(변경) 허가증

[서식 19] 분묘 설치기간 연장 신청서

[서식 20] 가격표

[서식 21] 장사시설 관리금 적립 금액 및 사용 내역

[별지 제1호서식] (앞쪽)

<table>
<tr><td colspan="7">제 호

시체 · 유골 □매장 □화장 신고서

※ □에 √를 기재하시기 바랍니다.</td><td>처리기간

즉시</td></tr>
<tr><td rowspan="4">사망자</td><td>성 명</td><td colspan="2"></td><td>주민등록번호</td><td colspan="3">–</td></tr>
<tr><td>주 소</td><td colspan="6"></td></tr>
<tr><td>사망장소</td><td colspan="2"></td><td>사망사유
사 망 연 월 일</td><td colspan="3">. . .</td></tr>
<tr><td>매장 또는
화장 장소</td><td colspan="2"></td><td>분 묘 설 치
연 월 일</td><td colspan="3">. . .</td></tr>
<tr><td rowspan="2">신고인</td><td>성 명</td><td></td><td>주민등록번호</td><td>–</td><td colspan="2">사망자와의
관 계</td><td></td></tr>
<tr><td>주 소</td><td colspan="3"></td><td>전 화 번 호</td><td colspan="2"></td></tr>
<tr><td colspan="8">「장사 등에 관한 법률」 제8조 및 같은 법 시행규칙 제2조에 따라 매장(화장)신고합니다.
. . .
신고인 (서명 또는 인)
귀하</td></tr>
<tr><td colspan="8">※ 구비서류(화장신고의 경우만 해당합니다)
「의료법시행규칙」 별지 제6호서식의 사망진단서(시체검안서) 또는 읍 · 면 · 동장의 확인서</td></tr>
</table>

<table>
<tr><td colspan="7">제 호

시체 · 유골 □매장 □화장 신고증명서

※ □에 √를 기재하시기 바랍니다.</td></tr>
<tr><td rowspan="2">사망자</td><td>성 명</td><td colspan="2"></td><td>주민등록번호</td><td colspan="2">–</td></tr>
<tr><td>주 소</td><td colspan="2"></td><td>사망사유
사 망 연 월 일</td><td colspan="2">. . .</td></tr>
<tr><td rowspan="2">신고인</td><td>성 명</td><td></td><td>주민등록번호</td><td>–</td><td>사망자와의
관 계</td><td></td></tr>
<tr><td>주 소</td><td colspan="3"></td><td>전 화 번 호</td><td></td></tr>
<tr><td colspan="7">「장사 등에 관한 법률」 제8조 및 같은 법 시행규칙 제2조에 따라 위와 같이 매장(화장)신고를 하였으므로 신고증명서를 발급합니다.
년 월 일
시 · 도지사, 특별자치도지사, 시장 · 군수 · 구청장 □□</td></tr>
</table>

210mm×297mm(일반용지 60g/㎡(재활용품))

[별지 제2호서식]　　(앞 쪽)

<table>
<tr><td colspan="6">제　　호
죽은 태아 □매장 □화장 신고서
※ □에 √를 기재하시기 바랍니다.</td><td>처리기간
즉시</td></tr>
<tr><td rowspan="5">부(모)</td><td>성　명</td><td colspan="2"></td><td>주민등록번호</td><td colspan="2">－</td></tr>
<tr><td>주　소</td><td colspan="2"></td><td>전화번호</td><td colspan="2"></td></tr>
<tr><td>사 산 장 소</td><td colspan="2"></td><td>임신주수</td><td colspan="2"></td></tr>
<tr><td>사산 연월일</td><td colspan="2"></td><td>사산사유</td><td colspan="2"></td></tr>
<tr><td>매장 또는
화 장 장 소</td><td colspan="5"></td></tr>
<tr><td rowspan="2">신고인</td><td>성　명</td><td></td><td>주민등록번호</td><td>－</td><td>사산자(죽은 태아)와의 관 계</td><td></td></tr>
<tr><td>주　소</td><td colspan="2"></td><td>전화번호</td><td colspan="2"></td></tr>
<tr><td colspan="7">「장사 등에 관한 법률」 제8조 및 같은 법 시행규칙 제2조에 따라 매장(화장)신고합니다.
년　월　일
신고인　　(서명 또는 인)
귀하</td></tr>
</table>

<table>
<tr><td colspan="7">제　　호
죽은 태아 □매장 □화장 신고증명서
※ □에 √를 기재하시기 바랍니다.</td></tr>
<tr><td>죽은 태아</td><td>임신주수</td><td></td><td>사산사유</td><td></td><td>사산연월일</td><td></td></tr>
<tr><td rowspan="2">신고인</td><td>성　명</td><td></td><td>주민등록
번　호</td><td>－</td><td>사산자(죽은 태아)와의 관 계</td><td></td></tr>
<tr><td>주　소</td><td colspan="3"></td><td>전화번호</td><td></td></tr>
<tr><td colspan="7">「장사 등에 관한 법률」 제8조 및 같은 법 시행규칙 제2조에 따라 위와 같이 매장(화장)신고를 하였으므로 신고증명서를 발급합니다.
년　월　일
시 · 도지사, 특별자치도지사, 시장 · 군수 · 구청장 □□</td></tr>
</table>

210mm×297mm(일반용지 60g/㎡(재활용품))

[별지 제3호서식] <개정 2010.9.1> (앞 쪽)

제 호	개장 □신 고 서 □허가신청서 ※ □에 √를 기재하시기 바랍니다.				처리기간 개장신고 : 2일 개장허가 : 3일
사망자	성 명	.	주민등록번호	-	사망연월일	. .
	묘지 또는 봉안된 장소		매장 또는 봉안연월일		
	개장장소		개장방법 (매장·화장)		
	개장의 사유		매장(봉안)기간	~	
신고인 (허가 신청인)	성 명		주민등록번호	-	사망자와의 관계	
	주 소		전화번호		

「장사 등에 관한 법률」 제8조·제27조 및 같은 법 시행규칙 제2조·제18조에 따라 개장신고(허가신청)합니다.

. . .

신고인(신청인) (서명 또는 날인)

귀하

구비서류 (행정정보의 공동이용을 통하여 첨부서류에 대한 정보를 확인할 수 있는 경우에는 그 확인으로 첨부서류를 갈음합니다)	담당 공무원 확인사항
1. 개장신고의 경우 가. 기존 분묘의 사진 나. 통보문 또는 공고문(설치기간이 종료된 분묘의 경우만 해당합니다) 2. 개장허가의 경우 가. 기존 분묘의 사진 나. 분묘의 연고자를 알지 못하는 사유 다. 묘지 또는 토지가 개장허가 신청인의 소유임을 증명하는 서류 라. 「부동산등기법」 등 관계 법령에 의하여 해당 토지 등의 사용에 관하여 해당 분묘연고자의 권리가 없음을 증명하는 서류 마. 통보문 또는 공고	1. 토지(임야)대장 2. 토지등기부 등본

제 호	개장 □신고증명서 □허 가 증 ※ □에 √를 기재하시기 바랍니다.				
사망자	성 명			사망연월일	. . .
	묘지 또는 봉안된 장소			매장 또는 봉안연월일	. . .
	개 장 장 소			개장방법 (매장·화장)	
신고인 (신청인)	성 명		주민등록번호 -	사망자와의 관계	
	주 소			전 화 번 호	

「장사 등에 관한 법률」 제8조·제27조 및 같은 법 시행규칙 제2조·제18조에 따라 위와 같이 개장신고(허가)를 하였으므로 신고증명서(허가증)를 발급합니다.

년 월 일

시·도지사, 특별자치도지사, 시장·군수·구청장 (인)

210mm×297mm(보존용지(1종) 70g/㎡)

[별지 제4호서식] <개정 2010.9.1> (앞 쪽)

개인묘지 설치(변경)신고서 ※ □에 √를 기재하시기 바랍니다.							처리기간 7일
개인묘지	①소 재 지			②지 번		③지 목	
	④면 적		⑤합장여부	□예 □아니오		⑥합장내용	
	⑦분 묘 형 태	□봉 분 □평 분 □평 장					
	⑧설치연월일	. . .	⑨시설물 설치	□비 석 □상 석 □기타 석물□없 음			
	⑩설 치 변 경	설치변경연월일	. . .				
		설치변경사유	□면 적 □시설물 설치 □분묘 형태				
		설 치 변 경 의 구 체 적 내 용					
⑪사망자	성 명			주민등록번호	-		
	주 소	(전화 :)		사망연월일	. . .		
⑫설치자	성 명			주민등록번호	-		
	주 소	(전화 :)		사망자와의관계			
⑬관리자	성 명			주민등록번호	-		
	주 소	(전화 :)		사망자와의관계			
⑭신고인	성 명			주민등록번호	-		
	주 소	(전화 :)		사망자와의관계			

「장사 등에 관한 법률」 제14조제2항 및 같은 법 시행규칙 제5조에 따라 개인묘지 설치(변경) 신고를 합니다.

년 월 일

신고인 (서명 또는 날인)

귀하

구비서류	담당 공무원 확인사항
1. 평면도 2. 묘지소재지를 파악할 수 있는 위치도(약도) 또는 사진 3. 묘지 또는 토지소유자의 사용승낙서(타인 소유 묘지 또는 토지에 설치하는 경우만 해당합니다) 4. 설치변경신고의 경우 변경도면	1. 토지(임야)대장 2. 토지등기부 등본 3. 토지이용계획확인서 4. 지적도 및 임야도

제 호

개인묘지 설치(변경)신고증명서

소 재 지					
면 적			설치(변경)연월일	. . .	
설치(변경)내용					
사망자	성 명		주민등록번호		
신고인	성 명		주민등록번호	-	사망자와의 관계	
	주 소			전화번호	

「장사 등에 관한 법률」 제14조제2항 및 같은 법 시행규칙 제5조에 따라 위와 같이 개인묘지 설치(변경)신고를 하였으므로 신고증명서를 발급합니다.

년 월 일

특별자치도지사, 시장·군수·구청장 [인]

210mm×297mm(일반용지 60g/㎡(재활용품))

[별지 제5호서식] <개정 2010.9.1> (앞 쪽)

□가족 □종중·문중 묘지 설치(변경)허가신청서 □법인 ※ □에 √를 기재하시기 바랍니다.	처리기간 가족, 종중·문중묘지: 10일 법인묘지: 30일

사설묘지	①소 재 지		②지번		③지목	
	④면 적		⑤분묘설치(예정)기수	분묘설치기수 : (예정기수 :)		
	⑥분 묘 형 태	□봉분 □평분 □평장				
	⑦설 치 연 월 일	. . .	⑧시설물설치 (※ 법인묘지 제외)	□비석 □상석 □계단 □석축 □기타 석물 □없음		
	⑨설 치 변 경	설 치 변 경 사 유	□면 적 □석축·인입도로의 설치 □설치·관리인			
		설치변경의 구체적 내용				
⑩설치자	성명/종중·문중 또는 법인명	/	주민등록번호/법인허가번호			
	주소/법인등주소	/	자택/법인등전화	/		
⑪관리자	성 명		주민등록번호	-		
	주 소		전 화 번 호			
⑫신청인	성 명		주민등록번호	-		
	주 소		전 화 번 호			

「장사 등에 관한 법률」 제14조제3항 및 같은 법 시행규칙 제6조에 따라 묘지 설치(변경)허가를 신청합니다.

년 월 일

신청인 (서명 또는 인)

귀하

	구분	신청인(대표자) 제출 서류 (행정정보의 공동이용을 통하여 첨부서류에 대한 정보를 확인할 수 있는 경우에는 그 확인으로 첨부서류를 갈음합니다)	담당 공무원 확인사항
구비서류	가족묘지	1. 평면도 2. 개별 분묘 및 묘지소재지를 파악할 수 있는 위치도(약도) 또는 사진 3. 묘지 또는 토지 소유자의 사용승낙서(타인 소유 묘지 또는 토지에 설치하는 경우만 해당합니다) 4. 가족관계증명서 5. 설치변경허가의 경우 변경계획 및 변경도면	1. 토지(임야)대장 2. 토지등기부 등본 3. 토지이용계획확인서 4. 지적도 및 임야도
	종중·문중묘지	1. 묘지설치에 관한 종약 또는 종중·문중의 의사임을 증명하는 서류 2. 실측도 3. 개별 분묘 및 묘지소재지를 파악할 수 있는 위치도(약도) 또는 사진 4. 사용할 묘지 또는 토지가 종중·문중 소유임을 증명하는 서류 5. 설치변경허가의 경우 변경계획 및 변경도면	
	법인묘지	1. 법인의 정관, 재산목록 및 임원명부 2. 실측도 및 토질조사서 3. 사용할 묘지 또는 토지가 법인 소유임을 증명하는 서류 4. 묘지 조성사업비, 자금조달계획서 및 재해 대책을 포함한 관리운영계획서 5. 상하수도, 조경, 전기통신, 도로, 방재설비 등 기반시설계획서 6. 묘지 조성 및 공정계획서, 묘지 안의 주요 시설물 설치계획서(배치도·평면도 및 구조도를 포함합니다) 7. 설치변경허가의 경우 변경계획 및 변경도면	

210㎜×297㎜(일반용지 60g/㎡(재활용품))

[별지 제6호서식]

제 호

□가족
□종중·문중 묘지 설치(변경)허가증
□법인

※ □에 √를 기재하시기 바랍니다.

소재지				
면적				
설치(변경)내용				
대표자	성명 (종중·문중 또는 법인명)	( )	주민등록번호 (법인허가번호)	– ( )
	주소 (종중·문중 또는 법인 주소)	( )	전화번호 (종중·문중 또는 법인 전화)	– ( )

「장사 등에 관한 법률」 제14조제3항 및 같은 법 시행규칙 제6조에 따라 위와 같이 ( )을 허가합니다.

년 월 일

특별자치도지사, 시장·군수·구청장 □□

210mm×297mm(보존용지(1종) 120g/㎡)

■ 장사 등에 관한 법률 시행규칙 [별지 제7호서식] <개정 2012.8.2>

화장시설(봉안당) 설치(변경)신고서

※ [ ]에는 해당되는 곳에 √표를 합니다. (앞쪽)

접수번호	접수일	발급일	처리기간 30일

화장시설·봉안당	명칭	[ ]화장시설 [ ]가족봉안당 [ ]종중·문중봉안당 [ ]종교단체봉안당 [ ]법인봉안당	
	소재지	지번	지목
	면적	봉안안치구수	
	설치연월일	화장로수	
	설치변경	설치변경사유 [ ]설치·관리인 [ ]시설	
		설치변경의 구체적 내용	
	설치자	성명/종중·문중, 종교단체, 법인명	생년월일/법인허가번호
		주소/법인등 주소	자택/법인등 전화
	관리인	성명	생년월일
		주소	전화번호
신고인		성명	생년월일
		주소	전화번호

「장사 등에 관한 법률」 제15조 및 같은 법 시행규칙 제7조에 따라 화장시설(봉안당)의 설치(변경)를 신고합니다.

년 월 일

신고인 (서명 또는 인)

특별자치도지사·시장·군수·구청장 귀하

신고인 제출서류	사설화장시설		1. 실측도 및 구적도 2. 화장시설 건립사업비, 자금조달계획서 및 재해 대책을 포함한 관리운영계획서 3. 하수도, 조경, 전기통신, 도로, 방재설비 등 기반시설계획서 4. 화장시설 건립계획 및 공정계획서, 주요 시설물 설치계획서(배치도·평면도 및 구조도를 포함합니다) 5. 설치변경신고의 경우 변경계획 및 변경도면
	사설봉안당	가족, 종중·문중 또는 종교단체 봉안당	1. 종중·문중의 경우 봉안당 설치에 관한 종약 또는 종중·문중의 의사임을 증명하는 서류, 종교단체의 경우 종교단체임을 증명하는 서류 2. 실측도 및 구적도 3. 사용할 봉안당 건물·토지 소유자의 사용승낙서(타인 소유 건물 또는 토지에 설치하는 가족봉안당만 해당합니다) 4. 종중·문중 봉안당 및 종교단체에서 설치하는 봉안당의 경우에는 해당 종중·문중, 종교단체의 소유임을 증명하는 서류 5. 가족관계증명서(가족봉안당만 해당합니다) 6. 설치변경신고의 경우 변경계획 및 변경도면
		법인봉안당	1. 법인의 정관·재산목록 및 임원명부 2. 실측도 및 구적도 3. 사용할 봉안당 건물 및 토지가 법인 소유임을 증명하는 서류 4. 봉안당 건축사업비, 자금조달계획서 및 재해 대책을 포함한 관리운영계획서 5. 상하수도, 조경, 전기통신, 도로, 방재설비 등 기반시설계획서 6. 봉안당 건축 및 공정계획서, 주요 시설물 설치계획서(배치도·평면도 및 구조도를 포함합니다) 7. 설치변경신고의 경우 변경계획 및 변경도면
담당 공무원 확인사항			1. 건축물대장(일반/집합) 2. 토지(임야)대장 3. 토지 등기사항증명서 4. 토지이용계획확인서 5. 지적도 및 임야도

210㎜×297㎜[백상지 80g/㎡]

■ 장사 등에 관한 법률 시행규칙 [별지 제8호서식] <개정 2012.8.2>

봉안시설(봉안묘 · 봉안탑 · 봉안담) 설치(변경)신고서

※ [ ]에는 해당되는 곳에 √표를 합니다. (앞쪽)

접수번호	접수일	발급일	처리기간 • 개인, 가족, 종중 • 문중 : 10일 • 종교단체, 법인 : 30일

<table>
<tr><td rowspan="11">봉안묘 · 봉안탑 · 봉안담</td><td>명칭</td><td colspan="3">[ ]개인 또는 가족봉안묘(탑 • 담) [ ]종중 • 문중봉안묘(탑 • 담)
[ ]종교단체봉안묘(탑 • 담) [ ]법인봉안묘(탑 • 담)</td></tr>
<tr><td colspan="2">소재지</td><td>지번</td><td>지목</td></tr>
<tr><td colspan="2">면적</td><td colspan="2">봉안시설기수/안치구수</td></tr>
<tr><td colspan="2">설치연월일
. . .</td><td>시설물설치(법인 제외)</td><td>[ ]비석 [ ]상석 [ ]기타 석물 [ ]없음</td></tr>
<tr><td rowspan="2">설치변경</td><td>설치변경사유</td><td colspan="2">[ ]시설 [ ]설치 • 관리인</td></tr>
<tr><td colspan="3">설치변경의 구체적 내용</td></tr>
<tr><td rowspan="2">설치자</td><td colspan="2">성명/종중 • 문중, 종교단체, 법인명</td><td>생년월일/법인허가번호</td></tr>
<tr><td colspan="2">주소/법인 등 주소</td><td>자택/법인 등 전화</td></tr>
<tr><td rowspan="2">관리인</td><td colspan="2">성명</td><td>생년월일</td></tr>
<tr><td colspan="2">주소</td><td>전화번호</td></tr>
<tr><td colspan="4"></td></tr>
<tr><td colspan="2" rowspan="2">신고인</td><td colspan="2">성명</td><td>생년월일</td></tr>
<tr><td colspan="2">주소</td><td>전화번호</td></tr>
</table>

「장사 등에 관한 법률」 제15조 및 같은 법 시행규칙 제7조에 따라 봉안묘(탑 • 담)의 설치(변경)신고를 합니다.

년 월 일

신고인 (서명 또는 인)

특별자치도지사 • 시장 • 군수 • 구청장 귀하

<table>
<tr><td rowspan="3">신고인 제출서류</td><td>개인 또는 가족봉안묘 (탑 • 담)</td><td>1. 평면도
2. 봉안묘(탑 • 담)의 소재지를 파악할 수 있는 위치도(약도) 또는 사진
3. 사용할 봉안묘(탑 • 담)의 토지가 신고인의 소유임을 증명하는 서류 또는 토지소유자의 사용승낙서(타인 소유 토지에 설치하는 경우만 해당합니다)
4. 가족관계증명서(가족봉안묘 • 가족봉안탑 • 가족봉안담만 해당합니다)
5. 설치변경신고의 경우 변경계획 및 변경도면</td></tr>
<tr><td>종중 또는 문중봉안묘 (탑 • 담), 종교단체의 봉안묘 (탑 • 담)</td><td>1. 봉안묘(탑 • 담)의 설치에 관한 종약 또는 종중 • 문중의 의사임을 증명하는 서류, 종교단체의 경우 종교단체임을 증명하는 서류
2. 실측도 및 구적도
3. 봉안묘(탑 • 담)의 소재지를 파악할 수 있는 위치도(약도) 또는 사진
4. 사용할 봉안묘(탑 • 담)의 토지가 종중 • 문중, 종교단체의 소유임을 증명하는 서류
5. 설치변경신고의 경우 변경계획 및 변경도면</td></tr>
<tr><td>법인봉안묘 (탑 • 담)</td><td>1. 법인의 정관 • 재산목록 및 임원명부
2. 실측도 및 구적도
3. 사용할 봉안묘(탑 • 담)의 토지가 법인 소유임을 증명하는 서류
4. 봉안묘(탑 • 담) 조성사업비, 자금조달계획서 및 재해 대책을 포함한 관리운영계획서
5. 상하수도, 조경, 전기통신, 도로, 방재설비 등 기반시설계획서
6. 봉안묘(탑 • 담) 조성 및 공정계획서, 주요 시설물 설치계획서(배치도 • 평면도 및 구조도를 포함합니다)
7. 설치변경신고의 경우 변경계획 및 변경도면</td></tr>
<tr><td colspan="2">담당 공무원 확인사항</td><td>1. 토지(임야)대장
2. 토지 등기사항증명서
3. 토지이용계획확인서
4. 지적도 및 임야도</td></tr>
</table>

210㎜×297㎜[백상지 80g/㎡]

[서식 9] [화장시설·가족봉안당·종중·문중봉안당·
종교단체봉안당·법인봉안당] 설치(변경) 신고증명서

[별지 제9호서식]

제　　호

□화장시설
□가족봉안당
□종중·문중봉안당　　설치(변경)신고증명서
□종교단체봉안당
□법인봉안당

※ □에 √를 기재하시기 바랍니다.

소　재　지				
면　　적			설치기/구수	/
설치변경내용				
대표자	성　명 (종중·문중, 종교단체·법인명)	(　　　)	주민등록번호 (법인허가번호)	- (　　　)
	주　소 (종중·문중, 종교단체·법인 주소)	(　　　)	전화번호 (종중·문중, 종교단체·법인 전화번호)	(　　　)

「장사 등에 관한 법률」 제15조 및 같은 법 시행규칙 제7조에 따라 봉안당(화장시설) 설치(변경)신고를 하였으므로 봉안당(화장시설) 설치(변경)신고증명서를 발급합니다.

년　　월　　일

특별자치도지사, 시장·군수·구청장　□□

210mm×297mm (보존용지(1종)120g/㎡)

[서식 10] [개인 또는 가족봉안묘(탑·담), 종중·문중봉안묘(탑·담), 종교단체봉안묘(탑·담), 법인봉안묘(탑·담) 설치(변경 신고증명서

[별지 제10호서식]

제 호

□ 개인 또는가족봉안묘(탑 · 담) □ 종중 · 문중봉안묘(탑 · 담) □ 종교단체봉안묘(탑 · 담) □ 법인봉안묘(탑 · 담)	**설치(변경)신고증명서**

※ □에 √를 기재하시기 바랍니다.

소 재 지			
면 적		설 치 기 / 구 수	/
설 치 변 경 내 용			
대표자 성 명 (종중 · 문중 종교단체, 법인명)	( )	주민등록번호 (법인허가번호)	– ( )
대표자 주 소 (종중 · 문중, 종교단체, 법인 주소)	( )	전 화 번 호 (종중 · 문중, 종교단체, 법인 전화)	( )

「장사 등에 관한 법률」 제15조 및 같은 법 시행규칙 제7조에 따라 봉안묘(탑 · 담) 설치(변경)신고를 하였으므로 설치(변경)신고증명서를 발급합니다.

년 월 일

특별자치도지사, 시장 · 군수 · 구청장 □□

210mm×297mm(보존용지(1종) 120g/㎡)

[별지 제11호서식] (앞 쪽)

허가(신고)번호				묘적부	담당	과장	확인
소 재 지							
지 번		지목					

①시 설 구 분		②면적(㎡)		③분 묘 형 태	
④설 치 연 월 일	. . .	⑤설치기수	기	⑥시설물 설치현황 (※ 법 인 제 외)	
⑦보 존 묘 지 (분 묘) 여 부					

⑧ 설치자	성명/종중·문중, 법 인 명	/	주민등록번호 (법인허가번호)	– ( )	사망자와의 관 계	
	주소/종중·문중, 법 인 주 소	/			자택/ 법인등 전화	/
⑨ 관리인	성 명		주민등록번호	–	사망자와의 관 계	
	주 소		전 화 번 호		설치자와의 관 계	

⑩설치변경사항

구 분	변 경 전	변 경 후
추 가 매 장 (합 장)		
면 적		
분 묘 설 치 기 수		
분묘 형태 및 시설물의 변경		
설치·관리자(대표자)의 변경		
변 경 사 유		

210mm×297mm(보존용지(1종) 120g/㎡)

(뒤 쪽)

<table>
<tr><td rowspan="14">사망자</td><td>성명</td><td></td><td>성별</td><td>남 · 여</td><td>주민등록번호
(나 이)</td><td colspan="2">–
(세)</td><td>분 묘
설치일</td><td>. . .</td></tr>
<tr><td>등록
기준지</td><td colspan="3"></td><td>사망일자/
장소</td><td colspan="2">/</td><td>매 장
신고일</td><td>. . .</td></tr>
<tr><td>주소</td><td colspan="4">(전화 :)</td><td>사 인</td><td></td><td>설 치
만료일</td><td>. . .</td></tr>
<tr><td colspan="9">설치변경사항</td></tr>
<tr><td colspan="3">변경일</td><td colspan="3">변 경 전</td><td colspan="3">변경후</td></tr>
<tr><td colspan="3"></td><td colspan="3"></td><td colspan="3"></td></tr>
<tr><td colspan="9">분묘설치기간 연장(또는 변경)사항</td></tr>
<tr><td colspan="3">연장신청(변경)일</td><td colspan="3">연장(변경)기간</td><td colspan="3">연장(변경)사유</td></tr>
<tr><td colspan="3"></td><td colspan="3"></td><td colspan="3"></td></tr>
<tr><td colspan="3"></td><td colspan="3"></td><td colspan="3"></td></tr>
<tr><td colspan="3"></td><td colspan="3"></td><td colspan="3"></td></tr>
<tr><td colspan="10">분묘 및 묘지의 위치도(약도) 또는 사진(좌표)</td></tr>
<tr><td colspan="10">※ 위치(경도 : 위도 :)</td></tr>
</table>

<table>
<tr><td rowspan="14">사망자</td><td>성명</td><td></td><td>성별</td><td>남 · 여</td><td>주민등록번호
(나 이)</td><td colspan="2">–
(세)</td><td>분 묘
설치일</td><td>. . .</td></tr>
<tr><td>등록
기준지</td><td colspan="3"></td><td>사망일자/
장소</td><td colspan="2">/</td><td>매 장
신고일</td><td>. . .</td></tr>
<tr><td>주소</td><td colspan="4">(전화 :)</td><td>사 인</td><td></td><td>설 치
만료일</td><td>. . .</td></tr>
<tr><td colspan="9">설치변경사항</td></tr>
<tr><td colspan="3">변경일</td><td colspan="3">변 경 전</td><td colspan="3">변경후</td></tr>
<tr><td colspan="3"></td><td colspan="3"></td><td colspan="3"></td></tr>
<tr><td colspan="9">분묘설치기간 연장(또는 변경)사항</td></tr>
<tr><td colspan="3">연장신청(변경)일</td><td colspan="3">연장(변경)기간</td><td colspan="3">연장(변경)사유</td></tr>
<tr><td colspan="3"></td><td colspan="3"></td><td colspan="3"></td></tr>
<tr><td colspan="3"></td><td colspan="3"></td><td colspan="3"></td></tr>
<tr><td colspan="3"></td><td colspan="3"></td><td colspan="3"></td></tr>
<tr><td colspan="10">분묘 및 묘지의 위치도(약도) 또는 사진(좌표)</td></tr>
<tr><td colspan="10">※ 위치(경도 : 위도 :)</td></tr>
</table>

[별지 제12호서식]

매장 · 화장 · 개장신고(허가) 관리대장

신고(허가)번호	신고(허가)일자	매장화장개장구분	매장화장개장장소	사유 및 특기사항	신고(신청)인			
					성 명	주민등록번호	주 소	전화번호

210mm×297mm(보존용지(1종) 120g/㎡)

[별지 제13호서식]

묘지 · 화장시설 · 봉안시설 · 자연장지 설치 · 조성허가(신고) 관리대장

허가(신고) 번호	허가(신고) 일자	시설 구분	허가(신고) 장소	허가(신고) 면적	설치 · 조성 기(구)수 및 예정 기(구)수	설치 · 조성 현황 시설 개요	설치 · 조성자			
							성명 (법인등 명칭)	주민등록 (법인허가) 번 호	주소	전화번호

210mm×297mm(보존용지(1종) 120g/㎡)

[별지 제14호서식]

□시 체
□죽은 태아 화장·봉안·자연장 증명서
□개장유골

※ □에 √를 기재하시기 바랍니다.

사망자	성명		주민등록번호(나이)	− (세)		
	주소				전화번호	
	사망장소		사망연월일	. . .	사인	
	화장·봉안시설·자연장지 소재지				화장·봉안시설·자연장지 전화번호	
	화장·봉안·자연장 일시	. . .	봉안·자연장 위치 (관리번호)			
죽은 태아	사산연월일		화장·봉안시설·자연장지소재지			
	화장·봉안·자연장일시	. . .	봉안·자연장 위치 (관리번호)			
개장유골	성명				개장사유	
	화장·봉안시설·자연장지 소재지				화장·봉안시설·자연장지 전화번호	
	화장·봉안·자연장일시		봉안·자연장 위치 (관리번호)			
신청인	성명		주민등록번호	−		
	주소		전화번호			
	사망자와의 관계		기타 시체발견 경위 및 특기사항			

「장사 등에 관한 법률 시행규칙」 제10조에 따라 위와 같이 ( )을 하였음을 증명합니다.

년 월 일

○○화장시설(봉안시설·자연장지) 관리인 : □□

210mm×297mm(일반용지 60g/㎡(재활용품))

[별지 제15호서식]

화장・봉안・자연장 관리대장

※ 해당사항만 기재하시기 바랍니다.

<table>
<tr><td rowspan="2">화장
・
봉안
시설
및
자연
장지</td><td>소 재 지</td><td></td><td>전 화 번 호</td><td></td><td>신고연월일</td><td></td></tr>
<tr><td>대 표 자</td><td></td><td>신고시 설명</td><td></td><td>운 영 주 체</td><td></td></tr>
<tr><td rowspan="5">사 망 자</td><td>성 명</td><td></td><td>주민등록번호</td><td colspan="3">–</td></tr>
<tr><td>주 소</td><td colspan="2"></td><td>전 화 번 호</td><td colspan="2"></td></tr>
<tr><td>사 망 장 소</td><td></td><td>사 망 연 월 일</td><td>. . .</td><td>사 인 (병 명)</td><td></td></tr>
<tr><td>화장신고번호</td><td colspan="2"></td><td>화 장 연 월 일</td><td colspan="2">. . .</td></tr>
<tr><td>봉 안 기 간
자 연 장 기 간</td><td colspan="2">~</td><td>봉안・자연장 위치
(관리번호)</td><td colspan="2"></td></tr>
<tr><td rowspan="2">신 청 인</td><td>성 명</td><td></td><td>주민등록번호</td><td>–</td><td>사망자와의 관계</td><td></td></tr>
<tr><td>주 소</td><td colspan="2"></td><td>전 화 번 호</td><td colspan="2"></td></tr>
<tr><td colspan="4">봉안(안치)・자연장 장소의 사진</td><td colspan="3">특 기 사 항</td></tr>
<tr><td colspan="4"></td><td colspan="3"></td></tr>
</table>

210mm×297mm(보존용지(1종) 120g/㎡)

[별지 제16호서식] <개정 2010.9.1> (앞 쪽)

개인·가족 자연장지 조성(변경)신고서 ※ □에 √를 기재하시기 바랍니다.				처리기간 7일
① 소 재 지			② 지 목	
③ 면 적			④ 조성연월일	. . .
⑤ 자연장 형태	□수목 □화초 □잔디 □수목장림 □기타			
⑥ 조성변경	변경연월일	. . .		
	변경사유	□면적 □표지 □조성·관리인		
	변경의 구체적 내용			
⑦ 사 망 자	성 명		주민등록번호	-
	주 소		사망연월일	
⑧ 조 성 자	성 명		주민등록번호	-
	주 소		사망자와의 관계	
⑨ 관 리 자	성 명		주민등록번호	-
	주 소		사망자와의 관계	
⑩ 신 고 인	성 명		주민등록번호	-
	주 소		사망자와의 관계	

「장사 등에 관한 법률」 제16조제2항 및 같은 법 시행규칙 제11조에 따라 자연장지 조성(변경) 신고를 합니다.

년 월 일

신고인 (서명 또는 날인)

귀하

구비서류 (행정정보의 공동이용을 통하여 첨부서류에 대한 정보를 확인할 수 있는 경우에는 그 확인으로 첨부서류를 갈음합니다)	담당 공무원 확인사항
1. 평면도 2. 자연장지 소재지를 파악할 수 있는 위치도(약도) 또는 사진 3. 사용할 자연장지의 토지가 신고인의 소유임을 증명하는 서류 또는 토지소유자의 사용승낙서(타인 소유 토지에 설치하는 경우만 해당합니다) 4. 가족관계증명서(가족자연장지만 해당합니다) 5. 조성변경신고의 경우 변경도면	1. 토지(임야)대장 2. 토지등기부 등본 3. 토지이용계획확인서 4. 지적도 및 임야도

제 호

개인·가족 자연장지 조성(변경)신고증명서

※ □에 √를 기재하시기 바랍니다.

소 재 지						
면 적			조성(변경)연월일	. . .		
조성(변경)내용						
사망자	성 명		주민등록번호			
신고인	성 명		주민등록번호	-	사망자와의 관계	
	주 소			전화번호		

「장사 등에 관한 법률」 제16조제2항 및 같은 법 시행규칙 제11조에 따라 위와 같이 (　　) 자연장지 조성(변경)신고증명서를 발급합니다.

년 월 일

특별자치도지사, 시장·군수·구청장 인

210mm×297mm(일반용지 60g/㎡(재활용품))

■ 장사 등에 관한 법률 시행규칙 [별지 제17호서식] <개정 2012.8.2>

[ ] 종교단체
[ ] 법인

법인등자연장지 조성(변경)허가신청서

※ [ ]에는 해당되는 곳에 √표를 합니다. (앞쪽)

접수번호	접수일	발급일	처리기간 30일

명칭			
소재지		지목	
면적			
조성연월일			
자연장 형태	[ ]수목 [ ]화초 [ ]잔디 [ ]수목장림 [ ]기타		
조성변경	조성변경연월일		
	조성변경사유	[ ]면적 [ ]표지 [ ]조성·관리자	
	조성변경의 구체적 내용		
조성자	성명/종교단체·법인명	생년월일/법인허가번호	
	주소/법인등 주소	자택/법인등 전화번호	
관리인	성명	생년월일	
	주소	전화번호	
신청인	성명	생년월일	
	주소	전화번호	

「장사 등에 관한 법률」 제16조제4항, 같은 법 시행령 제20조 및 같은 법 시행규칙 제12조제1항·제3항에 따라 자연장지 조성(변경)허가를 신청합니다.

년 월 일

신청인 (서명 또는 인)

특별자치도지사·시장·군수·구청장 귀하

신청인 제출서류	종교단체	1. 종교단체임을 증명하는 서류 2. 사용할 자연장지의 토지가 종교단체의 소유임을 증명하는 서류 3. 실측도 및 토질조사서 4. 산림공학기술자 또는 산림기사, 토목기사, 측량 및 지형공간정보기사 이상의 자격증 소지자가 작성한 평균경사도 조사서 5. 자연장지 조성사업비, 자금조달계획서 및 재해 대책을 포함한 관리운영계획서 6. 변경계획과 변경도면(변경허가신청의 경우에만 제출합니다)
	법인	1. 법인의 정관·재산목록 및 임원명부 2. 사용할 자연장지의 토지가 법인 소유임을 증명하는 서류 3. 상하수도, 조경, 전기통신, 도로, 방재설비 등 기반시설계획서 4. 자연장지 조성 및 공정계획서, 자연장지 주요 시설물 설치계획서(배치도·평면도 및 구조도를 포함합니다) 5. 실측도 및 토질조사서 6. 산림공학기술자 또는 산림기사, 토목기사, 측량 및 지형공간정보기사 이상의 자격증 소지자가 작성한 평균경사도 조사서 7. 자연장지 조성사업비, 자금조달계획서 및 재해 대책을 포함한 관리운영계획서 8. 변경계획과 변경도면(변경허가신청의 경우에만 제출합니다)
담당 공무원 확인사항		1. 토지(임야)대장 2. 토지 등기사항증명서 3. 토지이용계획확인서 4. 지적도 및 임야도

210㎜×297㎜[백상지 80g/㎡]

■ 장사 등에 관한 법률 시행규칙 [별지 제18호서식] <개정 2012.8.2>

제 호

[ ] 종교단체
[ ] 법인

법인등자연장지 조성(변경)허가증

명칭		면적
소재지		
대표자	성명(종교단체, 법인명)	생년월일(법인허가번호)
	주소(종교단체, 법인 주소)	전화번호(종교단체, 법인 전화)
조성(변경)내용		

「장사 등에 관한 법률」 제16조제4항, 같은 법 시행령 제20조 및 같은 법 시행규칙 제12조제4항에 따라 위와 같이 (　　　　　)자연장지 조성(변경)허가증을 발급합니다.

년 월 일

특별자치도지사 · 시장 · 군수 · 구청장 직인

210㎜×297㎜[백상지 120g/㎡]

[별지 제19호서식] (앞 쪽)

제 호 분묘 설치기간 연장신청서							처리기간 즉 시
사망자	성 명			분묘설치연월일		. . .	
	분묘소재지			분묘설치자(관리인)		( )	
설치기간 연장횟수 및 연장기간		1회	~	2회	~	3회	~
설치기간 연장사유							
신청인	성 명		주민등록번호	–	사망자와의 관계		
	주 소			전화번호			

「장사 등에 관한 법률」 제19조 및 같은 법 시행규칙 제13조에 따라 분묘설치기간의 연장을 신청합니다.

년 월 일

신청인 (서명 또는 인)

귀하

※ 구비서류: 묘지 소재지를 파악할 수 있는 위치도(약도) 또는 사진

제 호 분묘 설치기간 연장증명서						
사망자	성 명			분묘설치연월일	. . .	
	분묘소재지			분묘설치자(관리인)	( )	
	분묘설치 연장기간			분묘설치기간 연장사유		
신청인	성 명		주민등록번호	–	사망자와의 관계	
	주 소			전화번호		

「장사 등에 관한 법률」 제19조 및 같은 법 시행규칙 제13조에 따라 분묘설치기간 연장증명서를 발급합니다.

년 월 일

시・도지사, 시장・군수・구청장(또는 법인묘지의 설치・관리인) (인)

210mm×297mm(보존용지(1종) 70g/㎡)

[별지 제20호서식]

가 격 표

1. 시 설 명
2. 시설의 소재지
3. 관할 행정기관 (전화번호 :)
4. 가격(요금)표

※ 해당 사항만 기재하시기 바랍니다.

구분		항 목	요 금	임 대 내 용
장례식장 임대료				
수 수 료		항 목		서 비 스 내 용
		염습비		
장 례 용 품		품 명	판매(사용)가격	규격/재질/원산지/생산지/제조방법 등
장 의 차 량		요 금		이용요금 산출내용
묘지·사설화장시설·사설봉안시설·사설자연장지	구분	항 목	요금(가격)	요 금 내 용
	사용료			
	관리비			
	상석·비석 등 시설물			
기 타				

210mm×297mm(보존용지(1종) 120g/㎡)

[별지 제21호서식]

장사시설 관리금 적립 금액 및 사용 내역서

____년도

① 명 칭	□ 법인묘지 □ 법인봉안시설 □ 법인자연장지 □ 종교단체 봉안시설 □ 종교단체자연장지 □ 기타(사설) 묘지 □ 기타(사설)봉안시설		
② 시 설 명			
③ 소 재 지			
④설치·조성자(대표자)		⑤ 전 화 번 호	
⑥ 관 리 인		⑦ 전 화 번 호	
⑧ 재산세과세표준액 (과세표준액 상당액)		⑨총 관리금 적립예정액	

⑩ 관리금적립현황	⑪ 종전 적립금액	⑫ 금회 발생금액	⑬ 총 적립금액

⑭ 관리금 발생 및 사용내역

기간	연간 총 수입액	적 립 내 역	사 용 내 역	비고
. . ~ . .				

「장사 등에 관한 법률」 제25조 및 같은 법 시행규칙 제16조에 따라 장사시설 관리금 적립 금액 및 사용 내역을 통지합니다.

년 월 일

통지인 (서명 또는 인)

귀하

210mm×297mm(일반용지60g/㎡(재활용품))

부 록

ㅅ

ㅇ

ㅎ

| 저자소개 |

[학력]
영남대학교 대학원 졸업 이학석사, 이학박사

[경력]
충남대학교 의과대학 조교(병리학)
대전대학교 한의과대학 겸임조교수
현 대전보건대학교 장례지도과(학과장)

[연구]
저서 〈위생처리 이론 및 실습〉 외 4권
논문 〈사망자 취급에서 감염과 위생에 관한 조사 연구〉외 25편

장례서비스 실무

2012년 9월 20일 초판 발행

저 자 최 정 목

발행인 윤 진 영

발행소 도서출판 대학서림
www.daihaks.com
110-530
서울시 종로구 혜화동 78-2 (혜화로2길 8)
전화 (02) 763-1220 / 744-1220
FAX (02) 744-1210
등록 1965. 1. 20.
번호 1-88

정가 13,000원
ISBN 978-89-8016-988-7 93380